DU RÉTABLISSEMENT

DE LA

CONTRAINTE PAR CORPS

PAR

Edmond de BIÉVILLE

DIPLOMÉ DE L'ÉCOLE DES SCIENCES POLITIQUES

Docteur en droit

PARIS

LIBRAIRIE NOUVELLE DE DROIT ET DE JURISPRUDENCE

ARTHUR ROUSSEAU

ÉDITEUR

14, rue Soufflot, et rue Toullier, 13

—

1904

DU RÉTABLISSEMENT

DE LA

CONTRAINTE PAR CORPS

DU RÉTABLISSEMENT

DE LA

CONTRAINTE PAR CORPS

PAR

Edmond de BIÉVILLE

DIPLOMÉ DE L'ÉCOLE DES SCIENCES POLITIQUES

Docteur en droit

PARIS

LIBRAIRIE NOUVELLE DE DROIT ET DE JURISPRUDENCE

ARTHUR ROUSSEAU

ÉDITEUR

14, rue Soufflot, et rue Toullier, 13

1904

PREMIÈRE PARTIE

SUPPRESSION DE LA CONTRAINTE PAR CORPS

—

1. — Aperçu historique sur la contrainte par corps en France :
la monarchie franque; les Établissements de saint Louis ;
l'ordonnance de 1303; l'ordonnance de Moulins de 1566; l'ordonnance de 1667 ; décret du 9 mars 1793 et législation révo-
lutionnaire; le Code civil et le Code de procédure civile;
loi du 17 avril 1832 ; décret du 9 mars et loi du 13 décembre
1848; loi du 22 juillet 1867.
2. — La contrainte par corps en 1867.
En matière civile c'est l'exception ; en matière commerciale
la règle. Cas d'application.
Tempéraments : âge, sexe, maximum de durée, etc...
3. — Fonctionnement de la contrainte par corps : gardes du
commerce et huissiers; emprisonnement; aliments; référé.
Existence du dettier à la maison de Clichy.
Durée de l'emprisonnement; recommandation.
Effets de la faillite et de la cession de biens.
4. — La loi du 22 juillet 1867.
Son origine.
Vives discussions au Corps législatif et au Sénat : faible majo-
rité au Corps législatif; question de confiance posée au Sénat
par le gouvernement.
Enquêtes insuffisantes; la magistrature peu favorable, le com-
merce hostile.
Le gouvernement invoque le « libéralisme ». Il reconnaît que le

vote de la loi entraînera des retouches à la législation existante.

La loi est votée et aucune des modifications promises n'a lieu.

La loi du 22 juillet 1867 a supprimé la contrainte par corps en matière civile et en matière commerciale.

Mais, comme l'a justement écrit un des plus chauds partisans de cette suppression (1), ce serait s'abuser étrangement que de se croire autorisé à passer désormais sous silence le régime qui a succombé.

« En effet la légitimité de la contrainte par corps est
« l'un de ces problèmes dont la solution ne peut pas être
« plus définitivement décrétée par une loi d'abolition
« qu'elle ne l'avait été par une loi de maintien.

« Cette solution ne résultera jamais que de l'acquiesce-
« ment des consciences et des convictions éclairées par
« la discussion spéculative. Il faut dès lors que celle-ci
« continue avec toute liberté »

Beaucoup de bons esprits étaient opposés à l'abolition de la contrainte par corps ; beaucoup ont regretté la contrainte une fois abolie.

Rien ne dit que l'emprisonnement pour dettes ne sera pas un jour rétabli.

----

(1) Henri Hardouin, conseiller à la Cour d'appel de Douai, *Essai sur l'abolition de la contrainte par corps*, Paris 1874, préface, page XXXIII.

I

On entend par contrainte par corps la faculté accordée
au créancier de faire emprisonner son débiteur, quand celui-ci ne satisfait point à son obligation.

Sans remonter jusqu'aux législations égyptienne,
grecque ou même romaine, nous trouvons la contrainte par
corps en usage en France de toute antiquité. Jules César
rapporte que les Gaulois pratiquaient un usage analogue
au *nexum* du droit romain. « La plupart des gens obérés
« par les dettes, les impôts ou les exactions des grands,
« se donnent en servitude à des nobles qui acquièrent sur
« eux tous les droits du maître sur l'esclave (1). »

Droit de vie et de mort primitivement accordé au créancier sur son débiteur, puis servitude du débiteur, enfin
emprisonnement, telles sont les trois phases par lesquelles
a passé la contrainte par corps en France.

L'existence du droit de vie et de mort sur le débiteur,
même pendant le moyen âge, ne fait aucun doute (2).

Tout le monde connaît la scène entre le juif Shylock
et Antonio, dans *le Marchand de Venise* de Shakes-
peare : « Nous stipulons qu'en cas que vous ne me
« rendiez pas à tel jour et à tel lieu la somme prêtée, vous
« serez condamné à me payer une livre juste de votre

(1) *Commentaires*, chapitre VI.
(2) Troplong, *De la contrainte par corps,* Paris 1817, préface,
page CXXII et s.

« belle chair, coupée sur une telle partie de votre corps
« qu'il me plaira choisir (1) »; et lorsque Shylock non payé
exige l'accomplissement de la clause, la sentence de Bel-
lario, le jurisconsulte : « Le contrat te donne, Shylock,
« une livre de chair ; prends-la. Mais ce contrat ne te
« donne pas une goutte de sang. Si donc en coupant
« la chair, tu fais couler une goutte de sang chrétien,
« tous tes biens seront confisqués au profit de la Répu-
« blique (2). »

Quant au droit pour l'homme libre de se mettre en servitude, il est constaté par de si nombreux textes de lois
ou capitulaires qu'on peut dire que c'était le droit public de
la monarchie francque.

Puis par une évolution semblable à celle qu'avait subie
la législation romaine, la servitude personnelle se conver-
tit en emprisonnement et la liberté au lieu de s'absorber
dans l'esclavage ne subit plus que la contrainte de la prison : c'est la contrainte par corps.

Au XIII° siècle, la contrainte par corps provenait de
deux sources : la convention par laquelle le débiteur obligeait son corps comme un gage ; la chose jugée qui était
exécutoire soit sur ses biens, soit sur sa personne.

Mais les juges abusaient de la contrainte par corps qui
dégénérait en un instrument de vexations.

Saint Louis voulut réagir.

(1) Acte I, scène III.
(2) Acte IV, scène I.

« Ne l'on ne met pas l'home en prison pour debte... »
porte l'article 21 du livre des Établissements.

Mais il a soin d'ajouter que la règle ne s'applique pas
pour les dettes envers le fisc, ce qui en atténue considérablement la portée et la générosité.

D'ailleurs un passage de Beaumanoir fixe le sens de la
jurisprudence de saint Louis et montre que la règle nouvelle n'avait même pas un caractère absolu à l'égard des
simples particuliers créanciers.

« Il y a différence entre la debte d'autrui et la debte du
seigneur ; car le roi, ou celui qui tient en baronnie, peut,
por sa debte et por ses amendes, retenir le corps de son
sujet en prison. Mais ce ne peut-il pas faire pour la debte
d'autrui, se li debtes ne s'il est obligiés par lettres, ou par
devant justices ou devant bonnes gens (1). »

Ainsi à côté de la contrainte réservée au roi et à ses ba-
rons pour leurs dettes et amendes, il y avait encore la contrainte à laquelle le débiteur s'était volontairement soumis.

C'est cette jurisprudence que précisa Philippe le Bel dans
son ordonnance de 1303 :

« On ne mettra pas garnison chez les débiteurs et on ne
« les arrêtera pas pour dettes particulières ; mais on mettra
« leurs biens en vente pour payer leurs créanciers, à moins
« qu'il n'y ait quelque convention contraire de la part des
« débiteurs » (art. 12).

De nombreuses exceptions ainsi que cette possibilité de

____

(1) Beaumanoir, *Coutumes du Beauvoisis*, chapitre 51, nos 6 et 7.

stipuler la contrainte par corps, faisaient que l'emprisonnement pour dettes était d'un usage courant.

La contrainte par corps judiciaire ne fut rétablie que plus
tard, en 1566, par l'ordonnance de Moulins qui dans le but
de faire cesser les « subterfuges, délais et tergiversations
des condamnés » (1) et d'assurer l'exécution des sentences
de justice trop souvent méconnues, attacha la contrainte
à tout jugement de condamnation. A l'emprisonnement
conventionnel s'ajoutait l'emprisonnement judiciaire.

« Du reste, ce système de contrainte par corps nécessai-
« rement attribué à tout jugement de condamnation n'était
« pas nouveau. C'était la mise en vigueur du droit romain,
« tel à peu près que nos jurisconsultes l'avaient appris
« dans les livres de Justinien. Saint Louis et Philippe le
« Bel l'avaient aboli, du moins en théorie, à cause de la
« malice des juges. L'ordonnance de Moulins le rétablis-
« sait à cause de la malice des plaideurs (2). »

Lorsque le pouvoir central fut devenu plus fort, et il
est à remarquer que les progrès de celui-ci ont toujours
marqué une restriction de la contrainte, on songea à adoucir la législation en vigueur depuis 1566.

L'ordonnance d'avril 1667 touchant la réformation de la
justice (titre XXXIV, art. 1 et s.), réduisit la contrainte
par corps de règle générale au rang d'exception.

L'emprisonnement pour dettes fut, il est vrai, maintenu
comme règle en matière commerciale pour des raisons de

(1) Article 48.
(2) Troplong, *op. cit.*, préface CLXVI.

crédit et d'intérêt publics; mais pour les causes civiles, il ne fut plus admis que dans des cas déterminés que nous retrouverons énumérés dans le Code civil.

Quant à la contrainte conventionnelle, l'article 6 de l'ordonnance la prescrit formellement : « Défendons de passer « à l'avenir aucuns jugements, obligations ou autres con- « ventions portant contrainte par corps contre nos sujets; « à tous greffiers, notaires et tabellions de les recevoir, « et à tous huissiers et sergents de les exécuter... »

Elle ne fut conservée que pour le paiement des fermages, lorsqu'elle avait été stipulée dans le bail (art. 7). Cette exception reproduite par l'article 2.062, Code civ. fut supprimée par la loi du 13 décembre 1848 (art. 2).

La Convention supprima la contrainte par corps (décret du 9 mars 1793).

« C'est une honte pour l'humanité, pour la philosophie, « qu'un homme, en recevant de l'argent, puisse hypothé- « quer et sa personne et sa sûreté », s'était écrié Danton. « Les principes sont éternels et tout Français ne peut être « privé de sa liberté que pour avoir forfait à la société..... « Je demande que la Convention nationale déclare que « tout citoyen français emprisonné pour dettes sera mis « en liberté, parce qu'un tel emprisonnement est contraire « à la saine morale, aux droits de l'homme, aux vrais « principes de la liberté (1). »

(1) *Moniteur* du 10 mars 1793.

Tout en supprimant la contrainte par corps, la Convention avait admis la possibilité d'exceptions et avait même invité son comité de législation à lui fournir un rapport sur ces exceptions.

D'exception en exception, on fut ramené à la contrainte par corps et le désordre des affaires aidant, la contrainte fut rétablie (lois du 24 ventôse an V, du 15 germinal an VI et du 4 floréal an VI).

Le Code civil consacra ce rétablissement, en réglementant à nouveau la matière (1) ; le Code de procédure civile compléta le Code civil sur certains points et s'occupa de l'exécution : arrestation, emprisonnement et mise en liberté du débiteur ; de telle sorte que la loi du 15 germinal an VI ne continua à régir que les matières commerciales.

Ce régime fut plus tard remanié et adouci par la loi du 17 avril 1832 qui précisa certaines règles, fixa une durée à la contrainte par corps autrefois indéfinie et introduisit des exemptions en faveur du sexe et de l'âge.

« Cette loi a beaucoup fait, écrivit M. Troplong (2), pour
« ceux qui désiraient un adoucissement dans la législation
« de la contrainte par corps. Je ne dirai pas qu'elle a
« mis fin au triste concert de plaintes qui auparavant
« venait affliger, à chaque session, le cœur des représen-
« tants de la nation. Mais elle l'a rendu moins opiniâtre et

____

(1) Livre III, titre 16.
(2) Troplong, op. cit., préface CLXXXVII

« moins ardent et elle a fait dégénérer en déclamation
« beaucoup de clameurs qui, auparavant, portaient sur
« des griefs réels. »

Depuis la Restauration, en effet, des attaques très vives
et souvent exagérées avaient été dirigées contre la contrainte par corps.

M. Hyde de Neuville et M. Jacquinot Pampelune s'étaient
montrés des plus ardents dans leur campagne abolitionniste.

Déçus une première fois, en 1832, les partisans de la
suppression de la contrainte le furent encore en 1848. Un
décret du 9 mars suspendit l'emploi de la contrainte par
corps, mais fut abrogé presqu'aussitôt après par la loi du
13 décembre 1848.

L'emprisonnement pour dettes fonctionna jusqu'en
1867, date de sa brusque suppression.

Mais quelle était donc cette institution redoutable qu'il
était devenu indispensable et urgent de supprimer? Quelle
était, au moment où elle allait disparaître la contrainte
par corps et quel était son fonctionnement?

II

En matière civile, la contrainte par corps avait été successivement réduite à l'état d'exception.

Elle ne s'appliquait plus qu'à certains cas limitativement
ordonnés par le Code civil.

C'étaient :

Le stellionat (art. 2059), le dépôt nécessaire, la réinte

grande, la répétition de deniers consignés entre les mains de personnes publiques établies à cet effet, la représentation de choses déposées aux séquestre et garde, les cautions judiciaires et cautions du contraignable par corps lorsqu'elles s'étaient soumises à la contrainte, la représentation des minutes par tous officiers publics quand elle était ordonnée, la restitution de titres confiés à des officiers ministériels, et la restitution des deniers par eux reçus par suite de leurs fonctions (art. 2060) ;

le délaissement ordonné au pétitoire (art. 2061).

A ces cas peu nombreux quelques additions avaient été faites par le Code de procédure civile.

D'abord l'article 126, qui permettait aux juges de prononcer la contrainte par corps pour dommages-intérêts en matière civile au-dessus de 300 francs, ainsi que pour reliquats de compte de tutelle, de curatelle, d'administration de corps et communauté, d'établissements publics ou de toute administration confiée par justice, et pour toutes restitutions à faire par suite desdits comptes.

Les articles 201 et 221 qui autorisaient le juge à prononcer la contrainte par corps contre les détenteurs de pièces non dépositaires publics et l'article 213 qui l'autorisait à la prononcer, même pour le principal, contre celui qui, de mauvaise foi, avait dénié son écriture.

L'article 320 rendait passible de la contrainte par corps l'expert en retard de déposer son rapport ou qui refusait de le déposer.

Enfin, les articles 264, 690, 712, 714 et 744 ordonnaient

impérativement la contrainte par corps dans les cas suivants :

Paiement de l'amende prononcée contre les témoins défaillants (art. 264);

Paiement des dommages-intérêts auxquels a été condamné le saisi qui a fait des coupes de bois sur son immeuble et s'est rendu coupable de dégradations (art. 690 ancien, 683 nouveau);

Délaissement par le saisi de l'immeuble adjugé (art. 714 ancien, 712 nouveau);

Folle enchère (art. 712 et 744 anciens, 710 et 740 nouveaux).

Ainsi qu'on peut s'en convaincre par cette énumération, la contrainte par corps était réservée à des cas graves, mauvaise foi du débiteur ou nécessité d'assurer l'exécution des jugements.

En dehors des cas prévus, la contrainte par corps ne pouvait être prononcée par le juge ou stipulée par les parties (art. 2063, Code civ.), et même autorisée par la loi ou prévue par la convention, elle ne pouvait être exercée qu'en vertu d'un jugement (art. 2067, Code civ.).

Enfin, elle ne pouvait être prononcée pour une somme moindre de 300 francs en principal et accessoires (art. 2065 Code civ.).

Que l'on se reporte plus haut dans l'histoire, et l'on pourra se convaincre que cette législation était l'application très fidèle de l'esprit et même de la lettre de l'ordonnance de 1667 : pas de contrainte par corps en matière civile en dehors des cas prévus par la loi.

En matière commerciale au contraire et conformément aussi à l'ordonnance de 1667, la contrainte par corps était la règle.

C'était une voie d'exécution générale et de droit commun.

Toute dette commerciale de 200 francs en capital, et au-dessus, entraînait la contrainte par corps (loi du 17 avril 1832, art. 1).

Par dette commerciale, on entendait toute dette contractée par un commerçant pour les besoins de son commerce, et aussi toute dette contractée par un commerçant ou par un non commerçant faisant acte de commerce avec une personne quelconque, de telle sorte que le souscripteur, ou l'endosseur, ou l'avaliseur d'une lettre de change, quand bien même il n'aurait pas été commerçant (art. 142, Code com.), ou le souscripteur non négociant d'un billet à ordre, pourvu que le billet eût une cause commerciale (loi du 17 avril 1832, art. 3), s'exposait à la contrainte par corps.

Vis-à-vis des étrangers non domiciliés en France, la contrainte par corps avait été conservée avec un caractère beaucoup plus rigoureux qu'expliquait la jurisprudence antérieure si dure à ceux qui n'étaient pas régnicoles

Les étrangers étaient donc restés soumis à la contrainte par corps pour toute espèce de dettes au-dessus de 150 fr., sans distinction entre les dettes civiles et les dettes commerciales (loi de 1832, art. 14).

Tout jugement rendu contre un étranger emportait de plein droit la contrainte par corps, lors même que le jugement n'en faisait pas mention.

Bien plus, la contrainte par corps pouvait être exercée avant le jugement de condamnation pour s'assurer de la personne du débiteur. Il suffisait que la dette fût échue et exigible et que l'arrestation préventive eût été autorisée par le président du tribunal civil (loi de 1832, art. 15).

Que la dette fût commerciale ou civile, ou qu'il s'agît de débiteurs français ou étrangers, certains tempéraments communs avaient été admis.

Ainsi la contrainte par corps n'avait pas lieu à l'égard des mineurs (art. 2.064, Code civil; art. 2 et 18, loi de 1832); des septuagénaires (art. 2.065, Code civil; art. 4, 6 et 18, loi de 1832); des femmes et des filles (art. 2.065, Code civil; art. 2 et 18, loi de 1832), sauf pour les personnes appartenant à ces trois dernières catégories au cas de stellionat.

Elle n'avait pas lieu entre mari et femme, entre ascendants, descendants, frères ou sœurs, oncles, tantes, neveux et nièces et alliés au premier et deuxième degrés (art. 19, loi de 1832, et art. 10, loi de 1848).

Elle n'avait pas lieu contre le mari et contre la femme simultanément, même pour des dettes différentes (art. 11, loi de 1848). Les tribunaux pouvaient même dans l'intérêt des enfants mineurs du débiteur surseoir pendant une année à l'exécution de la contrainte par corps (art. 11).

III

Supposons maintenant un jugement emportant contrainte par corps rendu contre un débiteur.

Comment le créancier va-t-il s'y prendre pour l'exécuter?

Il fallait d'abord signifier le jugement, puis faire commandement au débiteur d'en payer les causes (art. 780, Code pr. civ.). Un jour après le commandement, l'huissier muni d'un pouvoir spécial de son client (art. 556, Code pr. civ.). et assisté de deux témoins ou recors (art. 783), se saisit du débiteur, dresse procès-verbal de l'arrestation et conduit le débiteur dans la prison du lieu. C'était à Paris, d'abord Sainte-Pélagie et plus tard la prison de Clichy.

De plus, à Paris et dans le département de la Seine, lorsqu'il s'agissait de l'exécution de jugements commerciaux, l'arrestation était faite non par un huissier, mais par des officiers ministériels spéciaux dits gardes du commerce (art. 625, Code com. et décret du 14 mars 1808).

A la prison, l'huissier (ou le geôlier) dressait le procès-verbal de l'opération (art. 790, Code pr. civ.) et consignait d'avance et pour trente jours au moins, somme suffisante pour les aliments du débiteur (art. 791): 45 francs à Paris, 40 francs dans les villes de 100.000 âmes, 35 francs dans les autres (loi du 2 mai 1861). Cette consignation devait être renouvelée tous les mois, de manière que le débiteur eût toujours devant lui une période assurée de trente jours. Faute de consignation en temps utile, le débi-

teur était remis en liberté et ne pouvait plus être incarcéré
pour la même dette (art 31, loi de 1832).

Mais cela suppose une exécution libre des obstacles de
temps et de lieu et un débiteur exceptionnellement docile.

En effet, le débiteur ne peut être arrêté avant le lever,
ni après le coucher du soleil (art. 780, Code pr. civ.), ni
les jours de fête légale. Il ne peut être arrêté ni dans les
édifices consacrés au culte pendant les exercices religieux,
ni pendant la tenue des séances des autorités constituées,
ni dans une maison tierce, ni même à son domicile (art.
781, § 5, Code pr. civ.).

Pour que le débiteur pût être appréhendé chez lui, il fallait
un ordre spécial du juge de paix et sa présence à l'arrestation. A Paris cependant et en matière commerciale, les
gardes du commerce étaient dispensés de l'autorisation et
de l'assistance du juge de paix, pourvu que le débiteur ne
leur refusât pas l'entrée de son domicile, ce qui manquait,
paraît-il, rarement (art. 625, Code com. et art. 15 du décret
du 14 mars 1808). Donc, difficulté pour joindre le débiteur.

D'autre part, pour faire obstacle à l'arrestation, l'article
786, Code pr. civ. permettait au débiteur d'aller en référé
devant le président du tribunal, qui examinait ses plaintes
et griefs et pouvait surseoir, s'il y avait lieu, à l'arrestation.

Or, qui connaît la pratique des affaires sait qu'un
débiteur ne manque jamais de requérir un référé, sous
un prétexte ou sous un autre. C'est un moyen dilatoire et
d'autant plus sûr que le juge se laisse toujours apitoyer.

Les recueils de jurisprudence renferment de nombreux

arrêts qui ont tranché les cas de nullité soulevés par les débiteurs saisis au corps.

Des précautions très rigoureuses avaient été prises contre l'huissier qui aurait refusé de conduire le débiteur en référé.

Le refus d'obtempérer à la réquisition de référé était par lui-même une cause de nullité de l'emprisonnement (art. 794, Code pr. civ.).

De plus, l'huissier s'exposait à une amende élevée, mille francs, et à des dommages-intérêts (art. 786, Code pr. civ.).

A Paris, souvent le débiteur, avant d'être emprisonné, était conduit au bureau des gardes du commerce et y restait quelques heures. C'était un lieu public où pouvaient aller pour s'entendre avec le débiteur ceux qui espéraient négocier un arrangement avec lui.

En province, le président du tribunal, lorsqu'il savait qu'un arrangement de cette sorte pouvait intervenir, différait pendant quelques heures de statuer sur le référé : le débiteur restait alors dans son cabinet, portes ouvertes.

Voici donc le débiteur incarcéré et vivant aux frais de son créancier.

Quel est son genre d'existence ?

Autrefois, à Sainte-Pélagie, les prisonniers pouvaient se procurer tout ce qu'ils désiraient, recevaient leurs amis et connaissances et menaient ainsi une existence très supportable.

On citait l'exemple de ce millionnaire qui préféra

passer cinq années en prison plutôt que de payer à ses créanciers les 2.500.000 francs qu'il leur devait. Il s'était fait aménager de somptueux appartements dans la prison et vivait en grand seigneur « ayant tous les jours à sa « table les célébrités parisiennes, donnant des soirées aux- « quelles se rendaient les femmes les plus à la mode (1) ».

Les abus furent si criants que l'administration dut prendre des mesures plus sévères.

Il faut croire cependant que la vie était encore assez douce à Clichy, puisque le 24 février 1848 le peuple ayant ouvert toutes les prisons, plusieurs débiteurs refusèrent obstinément de sortir. « Ils se cramponnaient en effet à « leurs cellules, invoquant la loi et le droit qu'elle leur « donnait de consommer jusqu'à la fin les aliments con- « signés. Il n'y avait pas de référé possible ; la foule peu « familiarisée avec la jurisprudence s'impatiente et menace « de tout briser.

« Il fallut, pour prévenir des malheurs, traîner de « force, hors de la prison, les détenus récalcitrants aux- « quels on imposait une liberté qu'ils repoussaient (2). »

> Nargue des plaisirs que l'homme
> Goûte en liberté !...
> Moi, d'un monde qui m'assomme,
> Je vis écarté ;

(1) A. Rocher, *La maison de Clichy pendant les années 1851 et 1852*, le *Droit* du 27 février 1853.

(2) A. Rocher, *La maison de Clichy pendant les années 1847, 1848, 1849*, le *Droit* du 11 janvier 1851.

> Et, ma foi, de ma manie
> Rira qui voudra...
> Vive Sainte-Pélagie !
>   Je ne sors pas d'là (1).

La maison de Clichy était organisée de la façon suivante :

L'administration fournissait le bâtiment et le mobilier, pour le loyer desquels elle prélevait neuf francs par mois et par détenu sur les aliments consignés.

Tout ce qui regardait les besoins de la vie matérielle était réglé par les débiteurs eux-mêmes avec le solde de la consignation qu'était tenu de faire par avance le créancier.

Ils ont ainsi trouvé moyen, dit un journaliste contemporain (2) de se procurer une nourriture saine et abondante et autres petits soulagements. « Leur système est celui « du régiment : ils ont un chef qu'ils paient et qui fait la « cuisine pour tous ; puis, une société philanthropique « s'est formée, qui est alimentée par la faible rétribution « de un franc que verse à son entrée chaque personne qui « veut en faire partie ; une bibliothèque, un cabinet de « lecture, où l'on reçoit tous les journaux, ont été établis « par les détenus ; un des codétenus se charge de l'entre- « tien du jardin, un autre est revêtu des fonctions de « garde champêtre et fait respecter les fleurs ; des jeux

---

(1) Désaugiers, *Le Prisonnier pour dettes*, 6ᵉ édition, t. II, p. 223, Paris, Ladvocat MDCCCXXVII.

(2) A. Rocher, *Le Droit* du 11 janvier 1851, loc. cit.

« de billard, de boule viennent enfin donner à la prison un
« un aspect animé et joyeux... C'est tout un monde en
« miniature. »

Combien de temps la détention va-t-elle se prolonger ?

Ou bien le débiteur est solvable, ou bien il ne peut pas
payer.

S'il est solvable, il paie avec plus ou moins d'humeur
et après plus ou moins de délai, les causes de son emprisonnement et les frais de capture (article 798, 800 et 802,
Code procédure civile).

En matière civile, il suffisait même qu'il payât ou consi-
gnât le tiers du principal de la dette et de ses accessoires,
et donnât une caution pour le surplus (article 24, loi du
17 avril 1832.) Il était aussitôt mis en liberté.

Inutile d'insister sur le cas d'un débiteur solvable qui
préfère rester en prison plutôt que de payer, bien qu'il y
en ait eu quelques exemples, tel que celui du millionnaire
dont je parlais tout à l'heure, M. Ouvrard, qui préféra
rester cinq ans sous les verrous plutôt que de payer. L'emprisonnement aurait d'ailleurs cessé de plein droit par
l'expiration du temps fixé par la loi.

A cet égard la loi du 17 avril 1832, puis celle du
13 décembre 1848 avaient établi le système suivant.

La contrainte par corps en matière civile, auparavant
d'une durée illimitée, avait été assimilée à la contrainte par
corps en matière commerciale, qui était temporaire dans
tous les cas.

Le jugement qui prononçait la contrainte en fixait la

durée qui variait de six mois au moins à cinq ans au plus.
En matière commerciale, durée minimum de trois mois
et maximum de trois ans, avec une échelle de degrés
ainsi établie : pour une somme inférieure à 500 francs,
l'emprisonnement cessait de plein droit après trois mois ;
pour une somme inférieure à 1.000 francs, après six mois ;
pour moins de 1.500 francs, après neuf mois ; pour moins
de 2.000 francs, après un an. L'augmentation se pour-
suivait ainsi de trois mois en trois mois pour chaque
somme en sus qui ne dépassait pas 500 francs, sans pouvoir excéder trois années pour les dettes de 6.000 francs
et au-dessus (article 4 loi de 1848).

Vis-à-vis d'un débiteur étranger, on ne distinguait pas
si la dette était civile ou commerciale.

La durée de l'emprisonnement qui sous l'empire de la
loi de 1832 pouvait varier de deux à dix ans, avait été
réduite par la loi du 13 décembre 1848 de six mois à cinq
ans (article 12).

En ce qui concerne le minimum de dette n'entraînant
pas la contrainte par corps, la loi de 1832 l'avait fixé à une
somme principale qui ne devait pas être inférieure
à 150 francs (article 14). C'était une amélioration sur
la législation antérieure (loi du 10 septembre 1807) qui,
n'ayant fixé aucun chiffre, autorisait ainsi la contrainte
contre les étrangers pour les condamnations les plus
minimes.

D'ailleurs, à Paris au moins, la durée de l'emprisonnement ne dépassait pas six mois, un an au plus. 70 à 80 0/0

des débiteurs étaient mis en liberté dans les six premiers mois qui suivaient leur incarcération.

En 1847, sur 610 détenus, 518 sortirent dans les six premiers mois ;

En 1849, sur 238, 222 ;

En 1851, sur 362, 278 ;

En 1852, sur 436, 354.

Beaucoup sortaient encore au bout d'une année: 70 en 1847, 44 en 1851, 57 en 1852, de telle sorte que le nombre des débiteurs retenus pour une durée plus longue était en fait très restreint (1).

Ou bien le débiteur emprisonné était insolvable.

Tantôt des parents ou des amis payaient à ses lieu et place pour le faire relâcher, tantôt le créancier qui avait éprouvé sa sincérité consentait à le mettre en liberté (art. 800 et 801, Code pr. civ.).

(1) Débiteurs sortis :

	1847	1849	1851	1852
dans les 15 premiers jours	226	96	97	158
de 15 jours à 1 mois	99	51	45	42
de 1 mois à 3 mois,	113	»	»	»
de 1 mois à 6 mois	»	75	136	154
de 3 mois à 6 mois	80	»	»	»
au delà de 6 mois	»	13	»	»
de 6 mois à 1 an	70	———	44	57
de 1 an à 2 ans	23	238	39	21
de 2 ans à 3 ans	3		,	4
de 3 ans à 4 ans	3		1	436
de 4 ans à 5 ans	2		362	
	610			

V. le *Droit* des 11 janvier 1851 et 27 février 1853,

A défaut, le débiteur faisait cession de biens ou faillite (art. 800, Code pr. civ.) et la contrainte par corps cessait immédiatement. Seulement la faillite naissait le plus souvent de l'emprisonnement, tandis que la cession de biens devait toujours être demandée par le débiteur.

Ce point est extrêmement important et constitue une objection irréfutable pour les adversaires de la contrainte par corps.

Ceux-ci reprochent principalement à la contrainte de s'exercer contre des débiteurs qui ne peuvent vraiment payer.

Mais ce reproche est-il mérité, puisque le débiteur incarcéré peut, du jour au lendemain (et quelle que soit d'ailleurs sa situation de fortune véritable), se faire ouvrir les portes de la prison, soit en faisant cession de biens, soit, s'il est commerçant, en se faisant déclarer en faillite?

D'ailleurs, et comme l'expliquait fort bien M. Rouland au Sénat (1), il n'y avait pas dix cas de contrainte par corps exercés contre des débiteurs malheureux et de bonne foi. Avec ceux-là, le créancier sait parfaitement que la seule chance d'être peut-être remboursé est de les laisser en liberté pour leur permettre de travailler.

« Dans la pratique, disait M. Rouland, la théorie de la « loi est corrigée par le bon sens des hommes. »

Il pouvait se faire qu'au moment de reprendre sa liberté,

____

(1) *Moniteur Universel* du 19 juillet 1867, séance du 18, page 979.

les deux cas de cession de biens et de faillite exceptés, le
débiteur fût encore retenu en prison : c'était l'effet de la
recommandation.

On entendait par recommandation l'acte par lequel
un second créancier d'un individu incarcéré et qui avait
le droit d'exercer contre lui la contrainte par corps,
s'opposait à sa mise en liberté (art. 792 et 793, Code pr.
civ.).

La recommandation aboutissait donc à un nouvel
emprisonnement, et par suite était assujettie aux mêmes
formes que l'emprisonnement, à part l'assistance des
recors et la consignation des aliments, s'il y en avait de
consignés.

Un pareil système n'avait donc rien d'attentatoire à ce
qu'on est convenu d'appeler la liberté des citoyens.

Entourée de nombreuses et minutieuses formes tant pour
l'arrestation du débiteur que pour son emprisonnement,
restreinte en matière civile à des cas déterminés, limitée
quant à sa durée, inapplicable même à certaines catégories
de personnes, d'ailleurs peu fréquente en pratique de l'aveu
même de ceux qui l'ont supprimée avec toujours, pour le
débiteur emprisonné, la possibilité de s'y soustraire par la
faillite ou la cession de biens, la contrainte par corps
n'était pas une institution d'un âge barbare conservée
dans un siècle plus doux et qu'il fallait à tout prix
abolir.

Mais tout au désir de justifier l'abolition qu'il préconi-
sait et que personne, à part quelques convaincus et peut-

être les débiteurs, ne réclamait, le gouvernement impérial avait invoqué des raisons plus philosophiques que juridiques et en des termes plus saisissants qu'exacts.

L'exposé des motifs, présenté par MM. Bayle Mouillard, Riché et de Marnas au Corps législatif, rappelle la torture, le chevalet, la bastonnade, les lettres de cachet.

La contrainte par corps y est qualifiée de cruelle, de spoliatrice et de corruptrice ; c'est une menace à la dignité de l'homme, à l'union des familles, aux mœurs publiques. Et pourquoi ? pour un intérêt purement privé. « Elle enta-
« che l'honneur, entraîne la ruine du commerce que faisait
« le détenu ou paralyse son industrie ; elle relâche, elle
« détruit les liens de famille. Pour peu qu'elle se prolonge,
« elle fait perdre l'habitude du travail, use et vieillit le
« corps, froisse le cœur, éteint l'intelligence et détruit toute
« dignité (1). »

C'est un mal irréparable pour ceux qui la subissent.

Pour ceux mêmes qui l'exercent, c'est un danger : elle les endurcit et les déprave. Enfin, elle augmente les frais par eux déjà exposés. Touchante sollicitude d'un législateur qui s'inquiète moins de faire rentrer le créancier dans son dû que de surveiller sa bourse et de lui conserver un cœur pur.

« Fille dégénérée de l'esclavage antique », s'écriait en terminant M. Bayle Mouillard « la captivité pour dettes,

---

(1) Exposé des motifs du 16 février 1855, *Moniteur Universel* des 22 et 23 avril 1865.

« condamnée comme lui par nos intérêts, par nos mœurs,
« par la religion, par nos consciences, doit disparaître à
« son tour de nos lois. ».

On trouvera des passages très caractéristiques de cette
indignation à froid dans certains ouvrages contemporains
et notamment dans l' « *Essai sur l'abolition de la contrainte par corps* », de M. Henri Hardouin, à qui la
contrainte rappelait avec son Labruyère « l'un de ces
« maux qui, cachés et enfoncés commme des ordures
« dans un cloaque, c'est-à-dire ensevelis sous la honte,
« sous le secret et dans l'obscurité, ne peuvent être fouillés
« et remués sans exhaler le poison de l'infamie (1) ».

IV

La loi du 22 juillet 1867, lorsqu'elle fut votée, avait
déjà un passé.

En 1861, avait été votée la loi du 2 mai qui avait élevé
le taux de la consignation d'aliments.

Bientôt après, sur l'initiative du gouvernement, une
commission fut réunie sous la présidence de M. Rouher,
alors ministre de l'Agriculture, du Commerce et des Travaux publics, à l'effet d'examiner la législation en vigueur
sur la contrainte par corps.

Elle conclut à son maintien et se rallia simplement à un
projet où de nouvelles atténuations devaient trouver place.

(1) Henri Hardouin, *op. cit*. page 399.

Mais le Conseil d'Etat, réuni en assemblée générale et sur un rapport de M. Conti, se prononça pour l'abolition pure et simple de la contrainte par corps (août 1864). M. Rouher, membre du gouvernement, ne tarda d'ailleurs pas à se déclarer à son tour partisan de la suppression de la contrainte par corps, et lors de la discussion de la loi de 1867 il parla en partisan convaincu. En 1848, il s'était prononcé pour la contrainte.

Napoléon III dans son discours d'ouverture de la session législative, le 15 février 1865, fit allusion à un projet de loi qui supprimait la contrainte par corps. Peu de temps après le Corps législatif fut saisi de ce projet.

Le projet était accompagné du rapport de M. Conti et d'un exposé des motifs par M. Bayle-Mouillard, conseiller d'Etat, qui menait depuis fort longtemps une croisade contre l'emprisonnement pour dettes et dont un mémoire sur la question avait été couronné en 1835 par l'Académie des Sciences morales et politiques. C'est ce qu'on peut appeler une coïncidence providentielle.

Jusque-là les choses étaient allées au gré des désirs du gouvernement.

Mais la commission nommée par le Corps législatif se montra hostile au projet. Elle demanda une enquête auprès du monde judiciaire, enquête que le gouvernement ne put refuser, mais qu'il fit aussi restreinte que possible.

A la fin de la session de 1866, M. Josseau, député, demanda même le rejet du projet.

Le projet de loi ne fut discuté à la tribune que l'année
suivante en mars 1867.

Après plusieurs séances où partisans et adversaires de
la contrainte par corps se livrèrent à de nombreux discours,
le projet fut adopté à la séance du 15 avril, mais à une
infime majorité de 112 voix contre 95, que la pression
gouvernementale n'était pas parvenue à grossir et qui
témoignait combien peu la loi répondait au désir de tous
et à une nécessité impérieuse (1). Un sénateur, M. Boinvilliers, devait dire plus tard, à la grande indignation
du garde des sceaux : « La loi a été votée, mais bien
peu (2). »

Au Sénat, même lutte.

Une nouvelle commission, composée de M. le premier
président de Royer, de MM. Boinvilliers, Rouland, Ferdi-
nand Barrot, La Caze, Amédée Thierry, du président Bon-
jean et du procureur général de Casabianca fut chargée, à
son tour d'examiner la loi proposée.

Le travail de cette Commission se trouve résumé dans
le rapport, très suffisamment impartial, en tout cas très
remarquable, que lut M. le premier président de Royer à
la séance du 5 juillet 1867 (3). Mais au Sénat comme au

(1) *Moniteur Universel* du 16 avril 1867 :

        Nombre des votants.....   207
        Majorité absolue.........   104
        Pour l'adoption..........   112
        Contre l'adoption........   95

(2) *Moniteur* du 18 juillet 1867, p. 967, séance du 17.

(3) *Moniteur Universel*, nᵒ du 6 juillet 1867.

Corps législatif les opinions furent vivement partagées. 53 voix seulement contre 47 écartèrent le renvoi au Corps législatif pour un nouvel examen. L'ensemble de la loi fut adopté par 64 voix sur 68.

En vain plusieurs sénateurs, M. Boinvilliers, M. Leroy-Saint-Arnaud, le procureur général lui-même, M. Delangle, avaient poussé de vives attaques contre le projet de loi et déterminé un courant hostile à son adoption.

A bout d'arguments, le garde des sceaux avait posé la question de confiance, confiance non seulement dans le ministère, mais confiance aussi dans l'Empire : avec une assemblée recrutée et composée comme le Sénat, c'était le vote forcé et assuré !

« Cette question n'est pas seulement une question de « droit », dit M. Baroche à la séance du 17 juillet (1). « On « a reproché au gouvernement d'avoir été imprudent, « mal avisé, inintelligent dans la proposition de cette loi. « On a élevé la question à la hauteur d'une question « politique. (*Mouvement.*) Voyez si vous voulez infliger « un blâme au gouvernement! (*Réclamations. Rumeurs.*)

« Voix diverses. — Non, non ; il ne s'agit pas de cela.

« M. le garde des sceaux. — Je maintiens le mot que « j'ai dit. (*Nouvelles et plus vives réclamations.*)

« Permettez, Messieurs...

« Quand le chef de l'État lui-même, en une assemblée « solennelle, a annoncé à la nation comme un bienfait de

____

(1) *Moniteur Universel*, n° du 18 juillet 1867, p. 968.

« plus la suppression de la contrainte par corps, lorsque
« son gouvernement autorisé par lui, ou plutôt obéissant
« à son impulsion, a présenté cette loi, l'a soutenue devant
« le Corps législatif et vient aujourd'hui la défendre devant
« vous, je dis que ce serait une chose grave que le ren-
« voi de cette loi à un nouvel examen. (*Exclamations*
« *diverses.*) »

La séance est levée au milieu d'une grande agitation et
la discussion continuée au lendemain.

Le lendemain, la loi était votée.

Si l'on se reporte au détail de la discussion, on se convaincra aisément que la suppression de la contrainte par
corps était réclamée par une minorité.

La majorité des députés et des sénateurs eussent préféré
à une suppression totale des retouches partielles à
la loi de 1832 qui régissait la matière et qui leur parais-
sait suffisamment récente et humaine pour être maintenue.

La Commission du Sénat n'était pas unanime; la Commission du Corps législatif violemment hostile.

La magistrature, le commerce, les particuliers mêmes
s'étaient prononcés en nombre pour le maintien de la contrainte par corps, soit telle qu'elle existait, soit avec des
modifications.

Sur vingt-neuf premiers présidents des Cours impériales
consultés, vingt-quatre firent connaître leur avis.

Sur vingt-neuf procureurs généraux, vingt-neuf répondirent. Huit premiers présidents et huit procureurs géné-

raux se prononcèrent pour la suppression de la contrainte par corps.

Par contre vingt et un procureurs généraux et seize présidents se prononcèrent pour son maintien avec ou sans modifications.

Soit 37 magistrats contre 16 pour le maintien de la contrainte par corps (1).

A ces 37 magistrats, il faut ajouter les 5 premiers présidents qui ne firent pas connaître leur avis, sans doute parce qu'il n'était pas conforme aux vues du gouvernement et qu'il était dans ce cas plus habile de se taire. Partisans de l'abolition de la contrainte par corps, ils n'eussent pas manqué de faire connaître leur opinion.

Cette consultation si peu favorable dans ses résultats avait été réclamée par la Commission du Corps législatif. Celle-ci l'avait souhaitée très étendue; le gouvernement la restreignit autant que possible. « Elle nous a donné la « conviction, et c'est cette conviction qui nous a déter- « minés que le projet de loi était impolitique en ce sens

---

(1) Pour la suppression (présidents. 8
de la contrainte par corps (procureurs généraux . 8
                                                    ——
                                                    16

Pour le maintien de la (pur et simple... (présidents.... 7
                                           (procureurs... 4
contrainte par corps.... (avec   (présidents... 9
                          (modifications (procureurs... 17
                                                    ——
                                                    37

« qu'il froissait le sentiment du pays, non seulement
« celui de la magistrature mais celui du commerce tout
« entier (1). »

Ni les Cours impériales, ni les tribunaux de commerce,
ni les Chambres de commerce ne furent consultés, comme
le désirait la Commission.

Sous prétexte qu'il s'agissait de faits et de renseignements statistiques à recueillir sur tous les points de l'Empire, la Cour de Cassation fut tenue à l'écart de la discussion : on n'avait pas voulu la *distraire* de ses *travaux si
importants et si multipliés* (2).

Le conseil général de la Banque de France ne fut pas
consulté davantage. Il aurait eu des renseignements précieux à donner et il aurait pu expliquer que ce ne fut que
du jour où l'emprisonnement pour dettes, supprimé par le
décret du gouvernement provisoire du 9 mars 1848, eût
été rétabli qu'il fût possible à la Banque de recouvrer plus
de 20 millions de billets restés en souffrance (3).

Mais le commerce était-il favorable à l'abolition de l'emprisonnement pour dettes? Point du tout.

On peut s'en convaincre en se reportant aux réponses
des premiers présidents et procureurs généraux qui avaient
été invités à faire connaître avec leur avis personnel celui

(1) Discours de M. Josseau à la séance du 26 mars 1867, *Moniteur Universel* du 27.

(2) Rapport de M. de Royer, séance du 5 juillet 1867, *Moniteur
Universel* du 6.

(3) A. Rocher, loc. cit., le *Droit* du 27 février 1853.

des tribunaux et des Chambres de commerce de leur ressort. M. le président de Royer dut le reconnaître : « Beau« coup de rapports de procureurs généraux et de premiers « présidents constatent, par exemple, que les avis des tri« bunaux ou des Chambres de commerce qu'ils ont pu « consulter sont favorables au maintien de la contrainte par « corps. De ce nombre sont les tribunaux de commerce « du ressort de Bordeaux, les tribunaux de commerce de « Marseille, de Strasbourg, etc., etc. (1). »

Et de fait 51 sur les 53 magistrats qui firent connaître leur opinion sur la question constatèrent que la loi proposée était vue défavorablement (2).

Enfin, des pétitions émanant directement de Chambres de commerce, de Chambres syndicales, de commerçants et même de simples particuliers, furent adressées soit à la Commission du Corps législatif, soit à celle du Sénat.

Sur 29 pétitions adressées à cette dernière, 19 demandaient le maintien de la contrainte par corps.

Le petit commerce même, constatait le procureur général Delangle, réclame son maintien, car la contrainte est pour lui un moyen de crédit (3). Constatation bien gênante, mais que les fanatiques de la suppression écar-

(1) Rapport de M. de Royer, séance du 5 juitlet 1867, *Moniteur Universel* du 6.

(2) Discours de M. Boinvilliers au Sénat, séance du 17 juillet 1867, *Moniteur* du 18.

(3) Discours de M. Delangle au Sénat, séance du 16 juillet 1867, *Moniteur Universel* du 17.

taient en disant tout simplement qu'il ne fallait pas inter-
roger le commerce, parce qu'il était intéressé dans la question! (1)

Véritablement l'unanimité et même une simple majorité manquait.

Le gouvernement ne dut-il pas reconnaître, au cours
de la discussion, qu'il était allé au delà de ce qu'on avait
réclamé, si tant est que l'on eût réclamé quelque chose?

On peut dès lors se demander à quel mobile a obéi
le gouvernement impérial en abolissant la contrainte par
corps en matière civile et en matière commerciale.

Doit-on voir dans cette suppression un nouvel effort de
l'Etat, qui, désireux d'être maître du citoyen, s'applique à
amoindrir tout pouvoir qui lui paraît limiter le sien ?

Devons-nous au contraire rattacher cette suppression à
ce système de gouvernement ou plutôt à ces manifesta-
tions tardives qui valurent à l'Empire sur son déclin d'être
qualifié de libéral? Libéralisme peu gênant alors, puisque
les particuliers seuls étaient appelés à en faire les frais,
non l'Etat.

Tel fut cependant le mobile publiquement avoué par le
gouvernement impérial. « Je suis de plus en plus convaincu », s'écriait M. Baroche, « qu'en vous présentant
« cette loi, nous avons fait un acte raisonnable, un acte
« utile, un acte qui est en corrélation avec tous les actes

(1) Discours de M. Lacaze au Sénat, séance du 16 juillet 1867,
Moniteur du 17.

« du gouvernement, un acte qui... nous fait entrer de
« plus en plus dans cette voie de sage liberté où vous
« avez toujours marché d'un pas ferme (1). »

Dans leur zèle cependant, les adversaires de la contrainte par corps s'inquiétaient parfois des conséquences
de sa suppression, sans s'y appesantir d'ailleurs.

Le commerce privé d'une voie d'exécution ancienne,
générale et efficace, les articles 2.060 à 2.062 du Code
civil, nombre d'articles du Code de procédure mutilés ou
dépourvus de toute application pratique ; l'article 2.059 du
Code civil aboli en fait, voilà pour les conséquences
directes et trangibles. Ajoutez à cela des conséquences
plus éloignées, mais non des moindres, telles par exemple
que la diminution du nombre des faillites sur dépôt de
bilan et l'augmentation du nombre de celles déclarées à la
requête des créanciers que l'on pouvait prévoir dès alors.

« Il faut bien avouer », disait M. Bayle Mouillard à la
« fin de son exposé des motifs (2), « que la loi nouvelle
« entraînera aussi la perte de quelques créances loyales.
« Les négociants auront sans doute plus de précautions
« et de prudence ; ils se renseigneront mieux ; ils exigeront
« plus souvent des garanties matérielles ; ils demanderont
« un cautionnement au moment du contrat et n'at-
« tendront plus pour user de cette précaution que leur

(1) *Moniteur Universel* du 28 mars 1867, p. 374, séance du
27 mars au Corps législatif.

(2) Séance du 16 février 1865, *Moniteur Universel* des 22 et 23
avril 1865.

« débiteur soit sous la main du garde de commerce.
« Malgré tous leurs soins cependant, il y aura encore des
« surprises, des pertes très regrettables et c'est un mal
« qu'il ne faut pas dissimuler. »

On n'a pas moins de souci des besoins de la pratique.
M. Bayle Mouillard se consolait en pensant qu'avec la
contrainte par corps allaient disparaître les « dernières
« traces des rigueurs et du matérialisme de la loi des
« Douze Tables ».

Le gouvernement impérial dut reconnaître que la suppression de la contrainte par corps entraînerait de pro-
fondes modifications dans les parties du droit où la
contrainte pouvait s'exercer et, moins libre que M. Bayle
Mouillard, il dut promettre d'y parer.

A la Commission du Sénat, qui appelait son attention
sur l'intérêt qu'il y avait à étudier, au moment où la contrainte par corps allait disparaître, les modifications à
apporter à la loi du 28 mai 1838 sur les faillites et banqueroutes dans le sens d'une procédure plus rapide et
moins coûteuse, et à l'article 2102 Code civil sur le privilège du propriétaire au cas de faillite du locataire, le
garde des Sceaux, M. Baroche, répondit qu'il s'occupait
depuis quelque temps de la préparation d'un projet de loi
destiné à modifier sur plusieurs points le régime des faillites ; que le Conseil d'État avait été saisi d'un autre
projet de loi relatif à l'exercice du privilège du propriétaire
des lieux loués en cas de faillite du locataire et que l'étude
de ces projets allait être reprise ; que l'occasion se présen-

terait ainsi de donner satisfaction au vœu exprimé par la Commission d'introduire dans les projets dont il s'agissait toutes les dispositions dont la suppression de la contrainte par corps pourrait démontrer l'opportunité.

Aux questions soulevées par la Commission au sujet de l'abolition de la contrainte en matière civile, le ministre d'Etat et des Finances, M. Rouher et le garde des Sceaux répondirent : « qu'ils ne s'étaient point dissimulé que la « suppression de la contrainte par corps en matière civile, « où la crainte qu'elle pouvait inspirer, n'est pas rempla- « cée par la crainte de la faillite, laisserait peut-être quel- « ques lacunes à combler dans la loi pénale ; que les faits « spécialement indiqués par la Commission seraient l'objet « d'une étude attentive et que le gouvernement n'hésitait « pas à prendre l'engagement d'examiner s'il y avait lieu « de proposer quelques dispositions législatives à cet « égard. »

Le rapport de M. le président de Royer au Sénat, rapport qui résume le débat dans ses grandes lignes est très explicite.

A la tribune, le gouvernement renouvela les promesses qu'il avait faites devant les Commissions. « Nous avons reconnu », disait à la séance du 17 juillet 1867 (1) M. Baroche « qu'il serait possible que l'examen que nous « ferions nous amenât à introduire quelques dispositions « dans la loi pénale et la Commission (du Sénat), sur cette

____

(1) *Moniteur Universel* du 18 juillet 1867.

« assurance, a passé outre en nous proposant l'adoption
« du projet de loi. Pour nous, nous sommes dans les
« mêmes dispositions. »

On pourrait multiplier les citations.

Le procureur général, M. Delangle, expliqua qu'il ne
voterait pas la loi tant que les modifications nécessitées
par le nouvel état de choses, et d'ailleurs promises,
n'auraient pas été effectuées (1). Mais le reste du Sénat,
plus confiant ou plus docile, se contenta des assurances
du gouvernement : la loi fut votée et aucune des réformes
annoncées n'eut lieu.

La loi du 4 mars 1889, portant modification à la législation des faillites, celle du 20 février 1872 sur le privilège
du propriétaire, sont l'œuvre de la troisième république.

Aucune disposition législative n'est venue combler les
vides laissés par la contrainte par corps, principalement
en matière commerciale.

Trois ans à peine après le vote de la loi de 1867, une
pétition était adressée au Sénat par des commerçants de
l'Auvergne pour demander le rétablissement de la contrainte par corps (2). Ils expliquaient qu'accoutumés à
faire crédit à une clientèle de colporteurs, parce qu'ils
étaient assurés d'une voie d'exécution efficace, ils étaient
victimes de la mauvaise foi de leurs clients depuis que la
contrainte n'existait plus.

(1) Séance du 16 juillet 1867, *Moniteur* du 17 juillet.
(2) Séance du 1er juin 1870.

Ce que les commerçants de l'Auvergne disaient en 1870, tous les créanciers peuvent le dire encore : la mauvaise foi des débiteurs est presque passée à l'état de règle et l'insolvabilité est devenue aussi fréquente en matière civile qu'en matière commerciale.

Eclairée par l'expérience, l'Assemblée législative rétablissait, dès le 19 décembre 1871, la contrainte par corps pour le recouvrement des frais dus à l'État en matière criminelle.

C'est donc bien sincèrement et sans désir de soulever un débat purement théorique, que je suis arrivé à me poser cette question : la suppression de la contrainte par corps a-t-elle été une mesure utile ; n'eût-il pas mieux valu la maintenir, l'améliorer, peut-être même l'étendre, en tout cas lui substituer un régime pour les insolvables ?

DEUXIÈME PARTIE

CONSÉQUENCES DE LA SUPPRESSION DE LA CONTRAINTE PAR CORPS

—

1. — Conséquences :
   En matière civile : examen des différents cas.
2. — En matière commerciale : augmentation du nombre des
   faillites ; diminution du nombre des faillites sur dépôt de
   bilan et augmentation du nombre de celles déclarées à la
   requête des créanciers ; effet illusoire du jugement d'excusabilité ; augmentation du nombre des faillites clôturées pour
   insuffisance d'actif.
   Loi du 19 décembre 1871 qui a rétabli la contrainte par corps
   pour les frais dus à l'Etat, en matière criminelle ; argument
   que l'on peut tirer de ce rétablissement au point de vue de
   l'utilité de la contrainte par corps.
3. — Généralisation de la question : situation actuelle du créancier vis-à-vis du débiteur de mauvaise foi.
   Examen des différentes voies d'exécution : — la saisie immobilière ; sa rareté ; sa complication ; — la saisie-exécution :
   nombreuses fraudes des débiteurs favorisées par la mobilité
   de la richesse publique ; — la saisie-arrêt : ses inconvénients
   aussi bien pour le débiteur que pour le créancier ; — la
   faillite : elle ne s'applique qu'à une catégorie de débiteurs,
   la moins nombreuse.
   Nécessité de protéger les créanciers.

I

En matière civile, la contrainte par corps était autorisée par la loi dans certains cas déterminés que nous avons
énumérés.

Dans tous ces cas, la contrainte par corps avait son utilité.

Mais les conséquences de sa suppression ont été plus ou moins grandes dans tel cas ou dans tel autre.

Il y a un premier cas dans lequel cette suppression ne pouvait donner lieu à aucun inconvénient.

C'est le cas prévu par l'article 320 Code de procédure civile : « En cas de retard ou de refus de la part des ex-« perts de déposer leur rapport, ils peuvent être assignés « à trois jours, sans préliminaires de conciliation, par « devant le tribunal qui les aura commis, pour se voir « condamner même par corps s'il y échet, à faire ledit « dépôt; il y sera statué sommairement et sans instruction. »

Bien qu'il arrive souvent que les experts soient en retard de déposer les rapports qu'attendent de leurs connaissances spéciales les tribunaux, ce retard ne méritait pas la contrainte par corps.

Le grand nombre des experts et leur zèle engagent chacun d'eux à remplir la mission qui lui est confiée à la satisfaction du tribunal.

Leur nomination et leur maintien dépendent d'ailleurs de commissions composées de magistrats et des présidents des cours et tribunaux qui dressent les listes des personnes compétentes parmi lesquelles les experts sont presque toujours choisis. Une habituelle négligence les ferait rayer de la liste.

Si l'on tient à assurer une plus rapide exécution des expertises, il suffirait d'impartir aux experts un délai

pour déposer leur rapport. C'est ce qui existe en matière
de justice de paix, au moins en ce qui concerne les jugements interlocutoires (1). L'article 15 Code de procédure
civile prescrit en effet au juge de paix de rendre sa décision dans les quatre mois du jugement, ce qui oblige les
experts commis à déposer leurs rapports dans ce délai.
Passé le délai, l'instance serait périmée de droit.

Au tribunal de commerce de la Seine, il est d'usage que
les arbitres rapporteurs nommés par ce tribunal fassent
connaître leur avis dans les trois mois du jugement de
renvoi.

Au Tribunal civil de la Seine, les experts sont tenus de
fournir au président du tribunal, tous les trimestres, des
états de situation des expertises en cours, qui permettent
de contrôler la marche des expertises. Mais ce ne sont là
que des usages, et tout délai imparti par un tribunal à
ses experts pour déposer leurs rapports n'est que commi-
natoire (2).

Si l'on conçoit une expertise qui tarde à recevoir une
solution par la faute de l'expert, on conçoit plus diffi-
cilement un expert refusant de déposer son rapport,
après avoir accepté la mission dont le tribunal l'avait
chargé.

En cas de refus, rien de plus simple d'ailleurs que de
faire remplacer l'expert par ordonnance du président

____

(1) Cass. 22 juin 1864 ; D. 64, 1, 342. — Cass. 19 mars 1884 ; D.
85, 1, 212 ; Req. 16 février 1887 ; D. 87, 1, 320.

(2) Nîmes, 27 janvier 1880, D. suppl. Expertise, n° 76.

rendue sur requête, sous réserve bien entendu des dommages-intérêts que l'on pourrait être en droit de réclamer à l'expert pour le préjudice causé.

Par contre, on ne voit pas l'avantage que pourraient avoir les parties à contraindre par corps l'expert au dépôt de son rapport. Les recueils de jurisprudence ne fournissent pas d'exemple d'un cas semblable. La question ne se pose donc pas.

Mais voici un stellionataire : c'est un individu qui a hypotéqué un immeuble dont il savait n'être pas propriétaire, qui a présenté comme libres des biens hypothéqués ou déclaré des hypothèques moindres que celles dont ces biens étaient chargés, ou encore un mari ou un tuteur qui ont consenti une hypothèque sur leurs biens et n'ont pas déclaré expressément l'hypothèque non inscrite du mineur ou de la femme qui grevait ces biens (art. 2059 et 2136, Code civ.).

Une controverse s'était élevée sur le point de savoir si le mari ou le tuteur ne devait pas être également considéré comme stellionataire, lorsqu'il avait vendu son immeuble. La Cour de Cassation rendit même un arrêt en ce sens (1). Mais le parti de l'interprétation littérale finit par l'emporter et l'on se borna à constater la différence de rédaction de l'article 2059 et de l'article 2136, sans essayer de donner au second la même extension qu'avait le premier. Troplong dit à ce sujet (2) : « Nous pensons que l'article 2136 doit être

(1) Cass. 20 novembre 1826, D. 27, 1, 59.
(2) Troplong, *op. cit.*, p. 61, § 72.

« renfermé dans le cas exprès qu'il prévoit. A notre avis,
« ce serait lui donner une extension fâcheuse que de régler
« le cas de vente par les dispositions rigoureuses et excep-
« tionnelles dont cet article est l'expression. »

Le débiteur ou le vendeur, accusé de stellionat, a eu
l'intention de frauder et la fraude a causé un préjudice au
créancier ou à l'acheteur : les juges ont reconnu ces deux
éléments de la fraude, l'intention et l'événement et ont
condamné l'auteur de la fraude comme stellionataire.

La situation du stellionataire était celle-ci : il était soumis
à la contrainte par corps (art. 2059, Code civ.) et privé du
bénéfice de cession (art. 905, Code pr. civ.); failli, il ne
pouvait être déclaré excusable (art. 540, Code com.) et
n'était pas admis à la réhabilitation (art. 612, Code com.);
enfin, il ne pouvait invoquer les privilèges accordés à la
vieillesse ou à la faiblesse du sexe (art. 2066, Code civ.).

Les dispositions de l'article 540 Code de commerce sub-
sistent seules aujourd'hui, et encore le jugement d'excusabilité rendu en faveur du failli est-il à peu près illusoire.
L'article 612 Code de commerce, modifié par une loi
toute récente, la loi du 30 décembre 1903, relative à la
réhabilitation des faillis, ne range plus les stellionataires
parmi les personnes qui ne sont pas admises à la réhabilitation commerciale.

On a soutenu cependant que l'article 905 Code procédure civile, qui refuse au stellionataire le bénéfice de
cession, pouvait encore avoir son utilité ; il est évident, au
contraire, que la cession de biens, qui avait pour but de

faire échapper le stellionataire à la contrainte par corps,
ne peut plus avoir d'application pratique aujourd'hui que
la contrainte n'existe plus (1).

Le stellionataire n'a donc plus rien à redouter de la loi
civile.

Mais le stellionat n'est-il pas devenu infiniment rare? La
loi du 23 mars 1855 sur la transcription hypothécaire
n'avait-elle pas déjà considérablement diminué les cas dans
lesquels elle se présentait, si elle ne les a pas supprimés?
Et l'acquéreur ou le créancier qui pourrait avoir à se
plaindre d'un stellionat, n'a-t-il pas à sa disposition la loi
pénale qui lui permettra de l'atteindre comme tout autre
délit?

Il est hors de doute que la loi de 1855 a diminué les cas
de stellionat. Les deux dernières tables décennales du
répertoire de Dalloz, 1877 à 1887 et 1887 à 1897, ne mentionnent pas de décision judiciaire concernant le stellionat.

Cela ne signifie pas que le stellionat n'existe plus. Il est
plus rare ; voilà tout.

La Commission du Sénat relevait que de 1860 à 1865 la

----

(1) MM. Demante et Colmet de Santerre (*Cours analytique de
Code civil*, t. V, p. 398, n° 213 *bis*, 2ᵉ édition) signalent cependant
un cas où la cession de biens peut encore avoir son utilité. C'est
celui d'un individu condamné à des dommages-intérêts à la suite
d'un fait prévu par la loi pénale et qui est cependant malheureux
et de bonne foi : « qu'il s'agisse du délit d'homicide par impru-
« dence, qu'il s'agisse d'une contravention de police, bien souvent
« commise sans intention de nuire, le débiteur de dommages-inté-
« rêts considérables peut être envisagé comme malheureux, et le
« bénéfice de cession a sa raison d'être ».

moyenne des jugements prononçant la contrainte par corps en cette matière avait été de sept par année, de quatre en 1865.

Donc la loi de 1855 n'est pas d'une efficacité absolue.

Si les recueils postérieurs à la loi de 1867 ne mentionnent plus que de loin en loin des cas de stellionat, c'est que le créancier ou l'acheteur trompés n'ont pas d'intérêt à le faire constater et l'arrêtiste à le cataloguer, maintenant que la contrainte par corps ne lui sert plus de sanction.

Ce n'est plus le stellionat, c'est-à-dire un genre particulier de dol, visé par une disposition spéciale de la loi civile, mais un dol comme les autres et puni comme tout autre, en dehors de la loi civile.

C'est un fait qui se résout aujourd'hui en dommages-intérêts.

Malgré la loi de 1855, il y a encore des gens qui vendent ou hypothèquent des immeubles dont ils savent ne pas être propriétaires, qui présentent comme libre un bien hypothéqué ou qui déclarent des hypothèques moindres que celles dont ce bien est chargé. C'est un propriétaire qui, après avoir consenti une vente verbale de son immeuble, le revend par acte authentique ou sous-seing privé à un autre acheteur ; en effet, la propriété étant transférée à l'acheteur du jour où il y a accord avec le vendeur sur la chose et sur le prix, celui-ci cesse à partir de ce moment d'être propriétaire de l'immeuble (1).

_____

(1) Rennes, 21 mars 1870, D. 1872, 2, 87.

C'est un débiteur acculé qui, profitant de la presse des créanciers, obtient de tel d'entre eux un sacrifice, en lui consentant une hypothèque qui, affirme-t-il, lui permettra à lui d'être remboursé du solde de sa créance, mais qui, vérification faite plus tard à tête reposée, ne vient pas en ordre utile. Il y a, il est vrai, manque de prudence du créancier et il devra surtout s'en prendre à lui-même. Mais est-ce une excuse pour le débiteur, et la fraude de l'un doit-elle profiter de la trop grande confiance de l'autre ?

On a dit que le créancier ou l'acquéreur trompé pourrait se prévaloir des dispositions de la loi pénale. Sans aucun doute. Mais l'action correctionnelle est entourée de difficultés ; beaucoup y répugnent, moins par pitié pour leur débiteur que par respect pour eux-mêmes, de telle sorte qu'on verra très rapidement un créancier solliciter des tribunaux répressifs une condamnation contre son débiteur stellionataire.

Est-il bien humain d'ailleurs, puisque la question a été placée sur ce terrain par les auteurs de la loi, de réduire le créancier à recourir à la procédure criminelle et à déshonorer son débiteur par cette voie ?

Et comment n'a-t-on pas vu qu'en assimilant le stellionat au dol ordinaire, on exposait le débiteur qu'on avait voulu soustraire aux conséquences de ses actes jugées trop rigoureuses à être traité beaucoup plus durement ? Je m'explique.

Lorsque la contrainte par corps, attachée au stellionat,

délit civil, était prononcée, c'est que le juge avait constaté
que le stellionataire avait été de mauvaise foi ; au cas
contraire, il ne tombait pas sous le coup de la loi. Ici
donc la bonne foi du délinquant pouvait être admise
comme excuse.

De plus, il fallait un préjudice causé, car il s'agissait
d'un délit civil et le délit civil n'existe que par le préjudice.

« Il est certain que le stellionat qui par l'événement n'a
« point nui et ne peut nuire à la partie qui s'en plaint, ne
« doit pas donner lieu à la contrainte par corps (1). »

Le délit pénal, au contraire, est indépendant de tout
préjudice causé ; il existe par cela seul que le fait prévu
par la loi a été commis.

Voici donc le stellionataire plus maltraité qu'avant :
poursuivi au criminel, il ne pourra plus exciper ni de sa
bonne foi ou de son ignorance, ni de l'absence de préjudice causé.

Par cela seul qu'il aura commis un stellionat, il sera
condamné et, conséquence remarquable de cette condamnation, il sera soumis à la contrainte par corps pour le
paiement de l'amende, des restitutions et des dommages-
intérêts (article 32, Code pénal).

Pourquoi dès lors avoir retiré au créancier une garantie
telle que la contrainte par corps et exposé par contre-
coup le débiteur à une répression aussi énergique que celle
des tribunaux répressifs ?

____

(1) D. Rép. Contrainte par corps, n° 176.

A côté du stellionat, le rapporteur signalait encore trois cas qui lui paraissaient particulièrement graves et que, comme le stellionat, il proposait de faire rentrer dans la classe des délits.

C'étaient : 1° le refus constaté de délaisser l'immeuble dont on s'est emparé par voie de fait et qu'on a été condamné à restituer (article 2060, 2, Code civil) ;

2° Le refus d'obéir de celui qui par un jugement rendu au pétitoire et passé en force de chose jugée, a été condamné à désemparer un fonds (article 2061) ;

3° La dénégation d'écriture prévue par l'article 213 du Code de procédure civile et punie d'une amende de 150 fr. indépendamment des dommages-intérêts.

« Ces trois faits, disait-il, n'ont pas la gravité du stel-
« lionat, mais ils peuvent causer un grave préjudice à la
« partie lésée et ils ne trouveraient plus dans la législation
« civile une répression suffisante. Si, au contraire, le fait
« devient un délit, la voie correctionnelle est ouverte à la
« partie et elle reprend, aux termes de la loi nouvelle, le
« droit d'exercer la contrainte par corps pour les répara-
« tions qui lui sont adjugées. »

Aux deux premiers cas, réintégrande et délaissement ordonné au pétitoire, s'ajoute un cas analogue, prévu par l'article 712, Code de proc. civ. : c'est celui du saisi qui refuse de délaisser l'immeuble adjugé.

Ce cas est extrêmement fréquent, mais ne paraît pas avoir attiré les discussions des législateurs de 1867. Ce qui peut être dit de la réintégrande et du délaissement ordonné au pétitoire s'applique d'ailleurs également à lui.

On ne manquera pas de faire remarquer que la personne condamnée à délaisser l'héritage par elle usurpé ou à désemparer le fonds dont elle a été reconnue n'être pas propriétaire, ou le saisi dont l'immeuble a été vendu, peuvent être contraints de vider les lieux par la seule mise en œuvre du jugement de condamnation ou du jugement d'adjudication revêtu de la formule exécutoire et appuyé de la force publique; que par suite, la disparition de la contrainte par corps ne se fait pas sentir dans l'espèce et qu'il n'y a pas lieu de la regretter.

Ce raisonnement n'est pas exact. La contrainte par corps avait en outre pour but, et rien n'est venu la remplacer dans ce rôle, d'assurer soit la restitution des fruits perçus, soit les dommages-intérêts, soit la somme à payer par chaque jour de retard.

Ordinairement, il est vrai, le saisi n'a pas besoin de refuser de quitter l'immeuble et d'obliger l'adjudicataire à recourir à la force publique, pour créer à celui-ci des ennuis de toute espèce. Le moyen le plus usuel est le refus de remettre les clés.

L'acquéreur pourra sans doute faire ouvrir les portes par un serrurier, mais cette prise de possession ne va pas sans dégradations pour l'immeuble.

La crainte de la contrainte par corps attachée au jugement enlevait au saisi toute velléité de résistance et même plus simplement tout désir de créer des tracas à l'acquéreur.

Du reste la volonté du législateur lorsqu'il avait attaché la contrainte par corps à ces trois cas, était précisément de mettre fin le plus rapidement possible aux troubles dont la propriété aurait pu souffrir, afin d'éviter toute incertitude à son égard et d'assurer par là la paix publique.

Quant à la dénégation d'écriture par un individu de mauvaise foi, hypothèse prévue par l'article 213 du Code de procédure civile, la contrainte par corps y avait été attachée par l'excellente raison que la mauvaise foi du défendeur lui enlevait tout prétexte à être traité favorablement. De plus, il y a grand intérêt à ne pas laisser aux mains du défendeur un moyen dilatoire tel que la dénégation d'écriture, ou du moins à ne pas le lui laisser sans établir de sanction au cas où il en aurait fait mauvais usage.

A ces cas que M. de Royer aurait voulu classer dans les délits correctionnels par une disposition législative nouvelle, il opposait d'autres cas, où l'on pouvait suppléer à la disparition de la contrainte par les dispositions existantes du Code pénal.

Je cite le passage du rapport de M. de Royer parce qu'il résume fort bien la question :

« Plusieurs des faits auxquels s'applique aujourd'hui la
« contrainte par corps en matière civile peuvent être at-
« teints par le Code pénal. Ainsi l'article 408 de ce Code,
« modifié et aggravé par la loi du 13 mai 1863 est incon-
« testablement applicable à la violation du dépôt nécessaire
« (Code Nap., art. 2060, 1) ; au refus de représenter les
« choses déposées aux séquestres, commissaires et autres

« gardiens (Code Nap., art. 2060, 4); aux détournements
« commis par les officiers publics (Code Nap., art. 2060, 7 ;
« loi du 13 décembre 1848, art. 3); aux tuteurs et aux
« administrateurs qui détournent les biens dont la gestion
« leur a été confiée (Code pr. civ., art. 126 ; arrêt de Cas-
« sation du 10 août 1850).

« Le gardien d'objets saisis qui les loue ou qui les prête
« se place également sous l'application des articles 400 ou
« 408 du Code pénal.

« Le refus de restituer des deniers consignés entre les
« mains d'une personne publique établie à cet effet pourra
« toujours être atteint par une poursuite fondée sur l'ar-
« ticle 169 du Code pénal.

« D'autres faits tels que ceux prévus par le paragraphe 6
« de l'article 2060 du Code Napoléon, par l'article 191 du
« Code de procédure civile, par les articles 221 et 839 du
« même Code, intéressent la discipline des officiers publics
« ou ministériels et trouveront toujours une répression
« efficace dans les poursuites autorisées par les lois spé-
« ciales.

« Il n'y a pas lieu de se préoccuper davantage des
« dommages-intérêts encourus par le saisi, à raison des
« coupes de bois et des dégradations qu'il aurait faites sur
« l'immeuble saisi. L'ancien article 690 du Code de pr.
« civ. contenait à cet égard une lacune que la loi du
« 2 juin 1841 est venue combler. L'article 683 du Code rec-
« tifié, qui prévoit le cas, se termine aujourd'hui par ces
« mots : « Sans préjudice, s'il y a lieu, des peines por-

« tées dans les articles 400 et 434 du Code pénal. » Or l'ar-
« ticle 400 de ce dernier code punit des peines portées soit
« par l'article 406, soit par l'article 401, tout détour-
« nement et toute destruction par le saisi des objets saisis
« sur lui.

« Il est donc juste de reconnaître que, relativement aux
« différents faits qui viennent d'être parcourus, la partie
« lésée trouvera dans la loi pénale les moyens de pour-
« suivre, même par la voie de la contrainte par corps, les
« réparations auxquelles elle pourra avoir droit (art. 4 et
« 5 de la nouvelle loi) (1). »

C'est aller un peu vite en besogne. Il est bien certain
que pour l'obligation imposée par le paragraphe 6 de l'article 2060, Code civil, aux officiers publics de représenter
leur minute, quand cette représentation est ordonnée;
pour l'article 191, Code pr. civ. qui soumettait l'avoué
qui ne rétablit pas les pièces communiquées à la contrainte par corps ; pour l'article 224, Code pr. civ. qui y
soumettait les fonctionnaires publics dépositaires d'une
pièce arguée de faux, l'article 201, les dépositaires d'une
pièce de comparaison au cas de dénégation d'écriture et
l'article 839 Code pr. civ. le notaire qui refuse de déli-
vrer expédition ou copie d'un acte aux parties intéres-
sées, il est certain, dis-je, que les règles de discipline
propres aux grandes compagnies judiciaires comme aux
officiers publics, suffisent à assurer l'exécution de la loi.

(1) Rapport de M. de Royer au Sénat, séance du 5 juillet 1867,
Moniteur du 6.

Mais les dépositaires en général qui ne sont pas des fonctionnaires publics et qui sont visés par les articles 201, 224 et 839 également?

Il est exact, d'autre part, que les articles 683 du Code de procédure civile, 400 et 434 du Code pénal, s'appliquent sans discussion possible au saisi qui aurait dégradé l'immeuble saisi.

Mais si l'article 408 du Code pénal, est applicable à la violation du dépôt nécessaire et aux détournements commis par des officiers publics, aux tuteurs et aux administrateurs, il n'apparaît pas qu'il puisse être étendu à des gardiens judiciaires qui refusent de représenter les choses déposées entre leurs mains. Refuser de représenter n'est pas détourner ni dissiper. Or, l'article 408 porte : — « Quiconque aura détourné ou dissipé... »

N'y a-t-il pas nombre de cas où sans avoir ni détourné, ni dissipé, le gardien pour un motif plus ou moins plausible refuse de restituer?

N'est-ce pas enfin forcer le sens de l'article 408 que de vouloir y faire rentrer, comme le faisait M. de Royer, le cas du gardien d'objets saisis qui les loue ou qui les prête?

Même observation pour l'article 169 du Code pénal, que le rapporteur de la Commission sénatoriale déclarait applicable aux personnes publiques qui refusent de restituer les deniers déposés entre leurs mains. L'article 169 vise les soustractions commises par les dépositaires publics :

— « Tout percepteur, tout commis à une perception, dépo-

« sitaire ou comptable public, qui aura détourné ou sous-
« trait des deniers publics ou privés .. »

L'article 2060, § 3, au contraire, visait le refus de restituer les deniers consignés, ce qui n'est pas du tout la
même chose.

Il peut se faire que le refus de restituer soit une conséquence de la soustraction, mais il peut exister et il existe
sans cet élément.

C'est par exemple la caisse des Dépôts et Consignations
qui s'oppose au retrait de sommes déposées ; on n'a qu'à
se reporter au traité de M. Troplong sur la contrainte par
corps qui traite tout au long cette question (1).

Mais quels que soient ces cas, qu'ils puissent être atteints
ou non par la loi pénale, l'observation faite plus haut pour
le cas de stellionat subsiste.

En fait la personne lésée aura rarement recours aux
poursuites criminelles ; en droit la situation du débiteur,
si le créancier a recours à ces poursuites, sera considérablement aggravée.

Enfin la contrainte par corps était encore autorisée en
matière de folle enchère, de dommages-intérêts et
d'amende prononcés contre les témoins défaillants et dans
ces trois cas encore elle avait son utilité.

Si les articles 710 et 740 du Code de procédure civile dé-
claraient le fol enchérisseur tenu par corps de la différence
entre son prix et celui de la revente sur folle enchère,

____

(1) Troplong, *op. cit*, n° 125, p. 117.

c'est que le législateur tenait à assurer une plus sûre et plus rapide transmission de la propriété immobilière. Le fol enchérisseur apporte par son fait un trouble très grave dans les rapports civils ; il paralyse le paiement et tient en suspens les droits de tous et de chacun.

Si le nombre des ventes sur folle enchère ne paraît pas avoir sensiblement augmenté depuis la suppression de la contrainte par corps, cela ne prouve pas que la contrainte était inutile, mais simplement que les avoués, chargés de porter les enchères par l'article 705 Code de procédure civile et exposés à des dommages-intérêts par l'article 711 au cas où leurs clients seraient notoirement insolvables, n'agissent qu'après avoir pris le maximum de précautions possible.

Lorsque, malgré tout, la folle enchère s'est produite, il paraît tout naturel d'assurer le recouvrement de la différence entre le prix d'achat et celui de la revente sur folle enchère par les moyens les plus énergiques. Le fol enchérisseur est assimilable à un débiteur qui ne veut pas payer, qui, plus est, savait qu'il ne pourrait pas payer et que, enfin de compte rien n'obligeait à porter des enchères et à s'obliger.

La nécessité d'assurer l'instruction des affaires avait fait maintenir dans le Code la contrainte par corps pour le recouvrement de l'amende prononcée contre les témoins réassignés et encore défaillants (article 264, Code de procédure civile). Nous savons tous le peu d'empressement que mettent les témoins à venir témoigner,

Le désir de prévenir les fautes lourdes et les manœuvres frauduleuses en matière civile l'avait fait maintenir pour le recouvrement des dommages-intérêts (article 126, Code de procédure civile).

Dans ce cas, la contrainte par corps agissait véritablement comme une voie d'exécution et avait ce caractère d'utilité générale qu'elle possédait en matière commerciale.

— « L'utilité partout, l'utilité toujours, rien que l'uti-« lité », s'écriait un des adversaires de la contrainte (1).

Eh ! sans doute, l'utilité et l'utilité toujours.

Un débiteur ne veut pas payer : que peut-on demander à la loi, si ce n'est un moyen de l'obliger à payer ?

Ce n'est pas philosophique, ni humanitaire, mais c'est utilitaire et pratique comme doit l'être toute législation.

Les débiteurs avaient-ils donc changé ; s'empressaient-ils de payer leurs dettes, sans attendre les poursuites de leurs créanciers ? Non : mais on se payait de mots ; on parlait des principes régulateurs de la société chrétienne, d'insultes à la religion et aux mœurs, de barbarie, etc., etc.. et lorsqu'on redescendait de ces hauteurs, c'était pour assurer, avec M. Bayle Mouillard, qu'en France la mauvaise foi était rare et qu'il n'était pas besoin de remplacer la contrainte par corps par quelque garantie nouvelle pour le créancier (2).

Plus clairvoyant, M. de Royer dut reconnaître que la

(1) Hardouin, *op. cit.*, p. 376.

(2) V. Exposé des motifs, 16 février 1865, *Moniteur Universel* des 22 et 23 avril 1865.

suppression de la contrainte par corps en matière civile
n'aurait pas les mêmes compensations qu'elle pouvait, à
son avis, rencontrer en matière commerciale. « La France
« n'a pas, comme en Angleterre, une loi qui organise à
« l'égard des non commerçants un système de répression
« analogue à celui de la faillite pour le commerçant. »

II

Le grand argument des partisans de la suppression de
la contrainte par corps en matière commerciale était en
effet celui-ci : la contrainte par corps abolie sera avantageusement remplacée par la faillite. La menace d'être
dessaisi de l'administration de tous ses biens agira sur le
débiteur beaucoup plus sûrement que la crainte de l'emprisonnement.

« Plus on insistera, disait M. de Royer, sur le tort que
« la faillite peut faire au débiteur, plus on démontrera
« qu'il fera de suprêmes efforts pour échapper à ce désas-
« tre et que la garantie qui disparait avec la contrainte par
« corps se retrouvera là plus énergique et non moins effi-
« cace (1). »

« Demandez aux négociants », s'écriait de son côté en
un langage plus emphatique M. Paillard de Villeneuve, « à
« ceux qui ont au cœur le sentiment vrai de leur dignité,
« demandez-leur si c'est à la liberté ou à l'honneur qu'ils

____

(1) Séance du 5 juillet 1867, au Sénat, *Moniteur Universel* du 6.

« tiennent le plus et si c'est l'emprisonnement qu'ils
« redoutent ou la souillure de ce titre de failli que gardera
« leur vie tout entière et que leur nom portera encore
« après eux (1) ? »

Qu'est-il advenu par la suite ?

Il semble que la crainte de la faillite et les efforts faits
par les commerçants pour y échapper eussent dû réduire
considérablement le nombre des faillites ?

Point du tout.

Le nombre des faillites n'a pas cessé d'aller en progres-
sant, ainsi qu'il résulte nettement des rapports sur l'administration de la justice civile et commerciale en France
et en Algérie publiés par le garde des Sceaux.

Voici le tableau pour la France seulement :

1846-1850	3.493	faillites.
1856-1860	3.994	faillites.
1861-1865	4.837	faillites.
1866-1870	5.327	faillites.
1876-1880	5.833	faillites.
1885	7.313	faillites.
1891-1895	8.671	faillites et liquidations judiciaires.
1896-1900	9.127	faillites et liquidations judiciaires.

(dont 2.737 liquidations judiciaires et 6.390 faillites).

En 1901, il a été ouvert 6031 faillites et 2896 liquidations judiciaires. Mais pour établir une moyenne exacte
comme pour les périodes ci-dessus, il faudrait avoir les
chiffres des dernières années : or le dernier rapport paru

----

(1) *Gazette des Tribunaux* du 29 mars 1865.

est celui de 1901 (*Journal Officiel* du 5 janvier 1904, page 198).

Sur le nombre annuel de ces faillites, il y a un chiffre réduit de faillites déclarées sur dépôt de bilan. Ce chiffre est allé sans cesse en diminuant depuis la suppression de la contrainte par corps.

Et à quoi attribuer cette diminution, sinon à cette suppression ?

Avant la loi de 1867, un commerçant avait tout intérêt à déposer son bilan, aussitôt qu'il était au-dessous de ses affaires.

En effet, la suspension du droit de poursuite individuelle, conséquence de la faillite, le soustrayait à la contrainte par corps. La déclaration de faillite n'était même plus, dit un auteur (1), qu'une exception de contrainte par corps. Aujourd'hui le commerçant n'a plus aucun intérêt à provoquer sa mise en faillite aussitôt après la cessation de ses paiements, puisqu'il n'a plus à redouter la contrainte. Tout au contraire, effrayé par l'idée de la faillite, il prolongera la situation le plus qu'il pourra, toujours au grand dommage des créanciers.

Le tableau suivant, emprunté au remarquable *Traité de Droit commercial* de MM. Lyon-Caen et Renault (2), et complété par les rapports parus depuis dans le *Journal Officiel*, fournit les chiffres les plus probants à l'appui

(1) Renouard, *Traité des faillites et banqueroutes*, t. II, p. 172, Paris 1844.
(2) T. VII, n° 86 *bis*,

de cette diminution du nombre des faillites sur dépôt de bilan.

1841-1845	59 %.
1876-1880	41 %.
1881	36 %.
1882	38 %.
1883-1886	39 %.
1886-1890	36 %.
1891-1895	25 %.
1896-1900	25 %.

C'est donc une diminution constante et bien caractérisée.

Le côté particulièrement regrettable de la question, c'est que cette prolongation d'existence commerciale que s'accorde le débiteur, avant qu'un créancier, enfin las, se décide à le faire déclarer en faillite, ne va pas sans moyens indélicats.

Pour durer, et même dans l'espoir parfois de se sauver, il se résout à des combinaisons hasardeuses qui précipitent d'autant sa chute, mais compromettent surtout davantage son patrimoine, c'est-à-dire le gage commun de ses créanciers.

Tandis que le nombre des faillites sur dépôt de bilan allait en décroissant, le nombre des faillites déclarées à la requête des créanciers a considérablement augmenté : seconde conséquence aussi inévitable que la première de la suppression de la contrainte par corps.

Jusqu'en 1870, les faillites ouvertes sur la déclaration

du failli l'emportaient en nombre (1) ; maintenant les proportions sont retournées.

	Faillites sur dépôt de bilan	Faillites à la requête des créanciers
1866-1870..........	49 %	46 %.
1871-1875..........	45 %	49 %.
1875-1880........·.	41 %	52 %.
1880-1885..........	38 %	56 %.
1886-1890..........	36 %	57 %
1891-1895..........	25 %	62 %.
1896-1900..........	25 %	65 %.

Il est évident que le créancier, qui était enclin à voir
dans la contrainte par corps une excitation au paiement
pour son débiteur et qui patientait, parce qu'il avait cet
instrument tout prêt à son service, est moins disposé
qu'autrefois à ménager son débiteur.

Dès l'année 1868, M. Louvet, président sortant du Tribunal de commerce de la Seine, le constatait en des termes
formels : « Si le nombre des faillites n'a subi qu'une légère
« augmentation, il n'en a pas été de même des demandes
« en déclaration de faillite dont nous avons été saisis.

« En effet les créanciers dont les poursuites aboutissent
« trop souvent à une revendication faite par un tiers ou à
« un procès-verbal de carence, ne pouvant plus recourir
« à la contrainte par corps qui a disparu de nos Codes,

(1) Ch. Lyon-Caen, Exposé de la législation anglaise sur la
faillite, *Bulletin de la Société de Législation comparée*, 1888, p. 296.

de cette diminution du nombre des faillites sur dépôt de
bilan.

$$
\begin{array}{ll}
1841\text{-}1845\ldots\ldots\ldots\ldots\ldots & 59\ \%. \\
1876\text{-}1880\ldots\ldots\ldots\ldots\ldots & 41\ \%. \\
1881\ldots\ldots\ldots\ldots\ldots & 36\ \%. \\
1882\ldots\ldots\ldots\ldots\ldots & 38\ \%. \\
1883\text{-}1886\ldots\ldots\ldots\ldots\ldots & 39\ \%. \\
1886\text{-}1890\ldots\ldots\ldots\ldots\ldots & 36\ \%. \\
1891\text{-}1895\ldots\ldots\ldots\ldots\ldots & 25\ \%. \\
1896\text{-}1900\ldots\ldots\ldots\ldots\ldots & 25\ \%.
\end{array}
$$

C'est donc une diminution constante et bien caractérisée.

Le côté particulièrement regrettable de la question,
c'est que cette prolongation d'existence commerciale que
s'accorde le débiteur, avant qu'un créancier, enfin las, se
décide à le faire déclarer en faillite, ne va pas sans
moyens indélicats.

Pour durer, et même dans l'espoir parfois de se sauver,
il se résout à des combinaisons hasardeuses qui précipitent
d'autant sa chute, mais compromettent surtout davantage
son patrimoine, c'est-à-dire le gage commun de ses
créanciers.

Tandis que le nombre des faillites sur dépôt de bilan
allait en décroissant, le nombre des faillites déclarées à la
requête des créanciers a considérablement augmenté :
seconde conséquence aussi inévitable que la première de
la suppression de la contrainte par corps.

Jusqu'en 1870, les faillites ouvertes sur la déclaration

du failli l'emportaient en nombre (1) ; maintenant les proportions sont retournées.

	Faillites sur dépôt de bilan	Faillites à la requête des créanciers
1866-1870	49 %	46 %.
1871-1875	45 %	49 %.
1875-1880	41 %	52 %.
1880-1885	38 %	56 %.
1886-1890	36 %	57 %
1891-1895	25 %	62 %.
1896-1900	25 %	65 %.

Il est évident que le créancier, qui était enclin à voir dans la contrainte par corps une excitation au paiement pour son débiteur et qui patientait, parce qu'il avait cet instrument tout prêt à son service, est moins disposé qu'autrefois à ménager son débiteur.

Dès l'année 1868, M. Louvet, président sortant du Tribunal de commerce de la Seine, le constatait en des termes formels : « Si le nombre des faillites n'a subi qu'une légère « augmentation, il n'en a pas été de même des demandes « en déclaration de faillite dont nous avons été saisis.

« En effet les créanciers dont les poursuites aboutissent « trop souvent à une revendication faite par un tiers ou à « un procès-verbal de carence, ne pouvant plus recourir « à la contrainte par corps qui a disparu de nos Codes,

(1) Ch. Lyon-Caen, Exposé de la législation anglaise sur la faillite, *Bulletin de la Société de Législation comparée*, 1888, p. 296.

« ont dû plus que jamais chercher une sanction de leurs
« droits dans la faillite de leurs débiteurs (1). »

Ce nombre des faillites déclarées à la requête des créanciers serait bien plus considérable encore, si très souvent,
arrivé à cette extrémité, le créancier n'hésitait.

Les frais d'une procédure en déclaration de faillite joints
aux frais déjà exposés pour obtenir un titre exécutoire, la
crainte de compromettre irrémédiablement le recouvrement de sa créance, le secret espoir que le débiteur revien-
dra à meilleure fortune, l'empêchent d'aller jusqu'au bout.

C'est alors que le débiteur, menacé à tout instant d'une
déclaration de faillite, fait « de suprêmes efforts pour échapper à ce désastre ».

Heureux résultat, semble-t-il au premier abord et tel
qu'avaient su le prévoir les partisans de l'abolition de la
contrainte par corps.

En réalité les efforts du débiteur aboutissent non pas
à rétablir ses affaires mais à rendre sa ruine plus profonde.

Il cherche à gagner du temps, bouche un trou par un
autre et se jette bientôt dans les expédients.

Comment en serait-il autrement, puisqu'il n'a rien à
espérer de la faillite dans l'intérêt de sa liberté, ni rien à
craindre des conséquences de sa mauvaise foi puisque l'abolition de la contrainte par corps enlève son principal intérêt à la déclaration d'excusabilité?

« Il n'y a plus de différence entre le failli de bonne foi et

____

(1) Le *Droit*, n° du 30 août 1868.

« le failli de mauvaise foi, et s'il a eu la précaution de ne
« commettre aucun acte constitutif de banqueroute, il n'y a
« aucun danger pour lui à retarder sa mise en faillite (1). »

Plus de contrainte par corps, plus d'intérêt pratique à
la déclaration d'excusabilité.

On entendait par là le jugement que pouvait obtenir le
débiteur malheureux et de bonne foi, lorsque ses créanciers s'étaient mis en état d'union (art. 537, 538 et 539,
Code com.). Pareil jugement avait pour effet de le mettre
pour l'avenir à l'abri de toute poursuite contre sa personne.
Il avait raison d'être, lorsque la contrainte fonctionnait.
« Si le failli n'est pas déclaré excusable, les créanciers
« rentreront dans l'exercice de leurs actions individuelles,
« tant contre sa personne que sur ses biens...» (art. 539,
Code com.).

Les tribunaux continuent, il est vrai, à se prononcer
sur l'excusabilité du failli, mais c'est là pour le débiteur
qui l'obtient une satisfaction toute platonique (2).

Il ne suffit pas d'attester l'honorabilité du commerçant
malheureux et de bonne foi qui a fait faillite, il faudrait

---

(1) Garsonnet, *De l'influence de l'abolition de la contrainte par
corps sur la législation commerciale*, Paris 1868, p. 88.

(2) La déclaration d'excusabilité a cependant un intérêt au point
de vue du casier judiciaire. La loi du 7 août 1899 porte en effet
que : « les déclarations de faillite, si le failli a été déclaré excu-
« sable par le tribunal, ou a obtenu un concordat homologué, et
« les déclarations de liquidation judiciaire » ne sont pas inscrites
sur le bulletin n° 3, c'est-à-dire sur le bulletin délivré à la personne intéressée (article 7, 7°).

encore punir celui qui a fait faillite et qui était de mauvaise foi.

C'était justement ce but qu'atteignait la contrainte par corps. Puisqu'on la supprimait, il convenait d'établir un traitement différent pour le débiteur de bonne foi et celui de mauvaise foi ; il fallait faire naître un intérêt pour le commerçant à sa déclaration de faillite et il fallait le favoriser lorsqu'il déposerait rapidement son bilan.

Un pas dans cette voie a été la loi du 4 mars 1889 dont la réforme capitale a été l'organisation de la liquidation judiciaire au profit des commerçants malheureux et de bonne foi qui révèlent la cessation de leurs paiements dans un délai rapproché de la date où elle s'est produite et n'attendent pas que tout leur actif soit fondu.

Ajoutez enfin que les tribunaux, contrairement à ce que prévoyaient les contemporains de la loi de 1867 (1), prononcent très rarement l'arrestation provisoire du failli suspect (article 455, Code de commerce), de telle sorte qu'en définitive le commerçant retarde sa faillite le plus longtemps possible, soit de lui-même, soit avec la complicité inconsciente de ses créanciers toujours hésitants, augmente son insolvabilité et, la faillite une fois déclarée, échappe aux conséquences d'agissements le plus souvent condamnables.

De là le nombre croissant de ces faillites clôturées pour insuffisance d'actif.

(1) V. Garsonnet, *op. cit.*, p. 94.

1856-1860...............	20 %.
1864-1865.............	23 %.
1866-1870..	30 %.
1871-1875.............	36 %.
1876 1880........	40 %.
1881 1885.............	44 %.
1886-1890.	51 %.
1891-1895.............	54 %.
1896-1900.........	54 %.

Après une clôture pour insuffisance d'actif, chaque créancier reprend son droit de poursuite individuelle et notamment, avant la loi de 1867, le droit de contraindre le failli par corps. On comprend que tant que la contrainte a subsisté, nombre de commerçants ont dû être déterminés par la crainte qu'elle leur inspirait, à révéler leur situation en temps utile, c'est-à-dire avant que leurs biens fussent devenus insuffisants pour subvenir aux frais des opérations de la faillite.

Malgré la loi du 4 mars 1889, le chiffre des faillites closes pour insuffisance d'actif n'a pas diminué ; au contraire.

A ce chiffre il faut d'ailleurs encore ajouter celui des liquidations judiciaires aboutissant à une clôture pour insuffisance d'actif, car la liquidation judiciaire, comme la faillite peut se terminer par un jugement de clôture pour insuffisance d'actif et beaucoup de liquidations judiciaires se terminent ainsi.

Voici à ce sujet les renseignements que fournissent les rapports officiels sur l'administration de la justice civile et commerciale en France.

En 1897, 2.587 liquidations judiciaires et 6.615 faillites ont été terminées dans l'année.

Sur ces 2.587 liquidations judiciaires, 462 se sont terminées par insuffisance d'actif et 381 par leur conversion en faillite. 3.499 faillites, soit 52 0/0, ont été closes pour insuffisance d'actif (1).

En 1898, sur 7.101 faillites closes dans l'année, 3.849, soit plus de la moitié, se sont terminées par insuffisance d'actif. Sur 2.678 liquidations judiciaires, 514 se sont terminées par insuffisance d'actif et 386 par conversion en faillite (2).

En 1899, 6.860 faillites ont été closes dans l'année, dont 54 0/0 par insuffisance d'actif.

Quant aux liquidations judiciaires, le rapport ne fournit pas de chiffres et se borne à constater que les liquidations comme les faillites « continuent à ne donner que des divi- « dendes restreints ; et trop souvent même elles se terminent par la clôture pour insuffisance d'actif (3) ».

En 1900, le nombre des faillites closes pour insuffisance d'actif a été de 53 0/0, et sur une moyenne de 2.737 liquidations judiciaires, 521 ont été closes pour insuffisance d'actif, et 378 converties en faillite (4).

En 1901, sur 6.311 procédures de faillite terminées dans l'année, plus de la moitié (3.521) se sont terminées par

---

(1) *Journal Officiel* du 7 juillet 1900.
(2) *Journal Officiel* du 26 septembre 1901.
(3) *Journal Officiel* du 13 décembre 1901.
(4) *Journal Officiel* du 12 mars 1903.

insuffisance d'actif. Sur 2.907 liquidations judiciaires, 603 se sont terminées par insuffisance d'actif et 412 par conversion en faillite (1).

Il y a donc toujours lieu d'ajouter aux faillites très nombreuses clôturées pour insuffisance d'actif, les liquidations judiciaires qui ont abouti à une clôture pour insuffisance d'actif.

A côté de ces conséquences certaines de l'abolition de la contrainte par corps, il en est d'autres que l'on prévoyait dès alors et qui ne se sont pas produites.

C'est ainsi que M. Garsonnet, dans son opuscule intitulé : « De l'influence de l'abolition de la contrainte par corps sur la législation commerciale(2) », écrivait que cette abolition entraînerait à brève échéance la disparition du système en vigueur en matière de lettre de change et la refonte complète de la législation sur la faillite.

Il avait cru trouver entre l'emprisonnement pour dettes et la remise de place en place une corrélation étroite.

La remise de place en place ne s'explique, écrivait-il, que par l'existence de la contrainte par corps. Elle a été exigée comme sanction de l'article 2063 du Code civ. pour empêcher une opération non commerciale d'emprunter la forme de la lettre de change et d'en usurper les garanties, notamment la contrainte par corps. Mais en fait elle n'a jamais rempli son but ni suffi à empêcher la contrainte par

(1) *Journal Officiel* du 5 janvier 1904.
(2) Paris, Cotillon, 1868.

corps de devenir conventionnelle. S'il en est ainsi, la remise de place en place ne saurait survivre à la contrainte par corps. Et comme la remise de place en place n'est pas une règle isolée, mais le point de départ d'un système vieilli, celui des lettres de change, c'est le système tout entier qui est appelé à disparaître (1).

Le système dure encore.

Enfin, M. Garsonnet présentait comme devant être une conséquence de l'abolition de la contrainte par corps la refonte complète du livre III du Code de commerce relatif aux faillites.

Du moment où l'on enlevait au créancier la contrainte pour ne lui laisser que la faillite, il fallait pour celle-ci une procédure moins coûteuse et plus rapide (2).

M. Rouher avait effectivement fait des promesses dans ce sens (3). Mais c'est là une conséquence très indirecte de la suppression de la contrainte. Je ne m'y arrêterai pas.

Il suffira de rappeler que la loi du 4 mars 1889 a considérablement diminué l'intérêt de la question.

Mais quels ont été les résultats de l'abolition de l'emprisonnement pour dettes au point de vue plus général de la contrainte considérée comme une voie d'exécution en matière commerciale ?

---

(1) Garsonnet, *op. cit.*, p. 1. et s.
(2) Garsonnet, *op. cit*, p. 90.
(3) *Moniteur Universel* du 19 juillet 1867, séance du 18.

Cette abolition a-t-elle entraîné des pertes pour les créanciers ? Dans quelles proportions ?

Ici, comme en matière civile, pas de rapports officiels, pas de chiffres qui renseignent, mais l'enseignement seul de la pratique qui sait quel mal les créanciers ont à se faire payer et combien de créances sont perdues pour eux sans retour.

Voyez ce qui s'est produit pour le recouvrement des frais dus à l'État en matière répressive.

Les pertes pour l'État furent si considérables que la loi du 19 décembre 1871 a dû rétablir la contrainte par corps.

Si en effet la loi du 22 juillet 1867 avait maintenu la contraite en matière criminelle, correctionnelle et de simple police (art. 2), en faveur des parties civiles et en faveur de l'Etat (art. 3 et 4), le gouvernement impérial s'était retiré le droit d'y recourir pour le recouvrement des frais dus à l'Etat en matière répressive.

Proposant la loi, il se devait de ne pas paraître intéressé à conserver pour lui ce qu'il enlevait aux autres. Il n'y avait d'ailleurs pas songé du premier coup et il fallut le lui rappeler ; le projet de loi maintenait en effet la contrainte par corps pour le recouvrement des frais et ce ne fut qu'au cours de la discussion qu'elle fut supprimée.

L'Etat ne devait d'ailleurs pas tarder à reprendre ce que la décence l'avait obligé à abandonner.

En 1871, le gouvernement fit ressortir l'état de nos finances si éprouvées par la guerre ; il invoqua les pertes subies par le Trésor du chef seul de la suppression de la contrainte, et, comme son intérêt était en jeu, il fournit des chiffres précis et d'ailleurs probants.

« Les craintes inspirées à d'excellents esprits par la loi
« de 1867 », disait le rapporteur de la loi, M. Paris, « se
« sont réalisées. La plupart des individus qui avaient à
« payer à l'Etat tout à la fois une amende et des dépens,
« s'aperçurent bien vite que, à l'égard de l'amende, ils
« avaient à redouter une sanction efficace, la contrainte
« par corps, tandis qu'au sujet des dépens la sanction
« était nulle (1). »

« On a le spectacle de débiteurs insolvables qui vien-
« nent payer l'amende en exigeant l'imputation sur cette
« créance plus onéreuse que celle des frais puisqu'elle est
« mieux garantie, et qui refusent obstinément de payer
« les frais, parce qu'ils savent bien que les agents du Tré-
« sor n'oseront pas multiplier les saisies, les ventes de
« mobilier et les expropriations. C'est donc une prime à
« la mauvaise foi qu'a offerte la loi de 1867 (2). »

« La perte subie par l'Etat sur le montant des frais de
« justice criminelle n'était que de 379.691 fr. en 1866 ;
« dès l'année suivante, elle s'est élevée à 940.303 fr. ; elle
« a atteint 1.451.831 fr. en 1869 ; c'est-à-dire que, dans
« l'espace de trois ans, elle a passé de 8 % à 32 % (3). »

Nous voilà bien loin de ce « sentiment d'humanité »

---

(1) *Journal Officiel* du 20 décembre 1871, séance du 14 décembre.

(2) *Journal Officiel* du 23 août 1871, proposition du 7 août 1871 (n° 473).

(3) *Journal Officiel* du 30 décembre 1871, rapport (annexe 711).

qui portait la commission et le garde des Sceaux à modifier l'article 3 de la loi de 1867 et à y insérer le paragraphe 2 : « La contrainte par corps n'aura jamais lieu
« pour le paiement des frais au profit de l'Etat. »

Un sens plus pratique de la réalité et des mécomptes
financiers ont fait tout le miracle.

Il faut donc reconnaître que la contrainte par corps
avait son efficacité au moins en cette matière.

Tout autorise à croire qu'elle avait la même efficacité,
lorsqu'il s'agissait de matière civile ou de matière commerciale.

Sans doute, nous n'avons pas pour celles-ci de statistique telle que celle fournie à l'appui de la loi de 1871.

L'Etat, personnalité très vaste et très puissante, pouvait faire dresser cette statistique ; les particuliers n'ont
aucun moyen qui leur permette d'en faire autant.

Quelle atteinte cependant que cette loi de 1871 au principe de la loi de 1867 et quel argument contre ceux qui
supprimèrent la contrainte par corps ?

L'Etat, simple créancier de dépens, a la contrainte par
corps.

Pourquoi la dénierait-il plus longtemps aux autres créanciers qui y trouveraient, comme lui, le profit qu'ils y avaient
autrefois.

Recherchons donc, dans la mesure possible, quelle est
actuellement la situation d'un créancier privé d'une voie
d'exécution en matière commerciale aussi générale que
la contrainte par corps.

Examinons en même temps quelle est sa situation en matière civile où il n'avait pas, il est vrai, sauf dans certains cas exceptionnels, la contrainte par corps à sa disposition, mais où comme en matière commerciale les professionnels de l'insolvabilité deviennent de plus en plus nombreux et habiles et doivent être contraints à payer.

Ceci nous conduit à examiner quels moyens communs la loi met à la disposition du créancier civil ou commercial pour se faire payer; quels moyens spéciaux possède de plus le créancier commercial et quelle est leur efficacité au point de vue de l'exécution par les débiteurs des engagement qu'ils ont contractés.

III

Il est une série de moyens dont je ne parlerai pas, soit parce qu'ils sont peu usités, soit parce qu'ils sont réservés à certaines catégories de créanciers ou bien de débiteurs : saisie-brandon, saisie-gagerie, saisie-foraine, saisie-revendication. Tous se rattachent d'ailleurs à la saisie-exécution.

Je me propose d'examiner successivement la saisie immobilière, la saisie-exécution, la saisie-arrêt, la faillite.

Saisie immobilière.

Les débiteurs qui possèdent des immeubles sont en minorité. C'est une vérité banale sur laquelle il est inutile d'insister.

Mais il s'en suit que la saisie immobilière n'est possible qu'en un nombre de cas restreints et contre une catégorie seulement de débiteurs.

Les ventes sur saisie immobilière sont d'ailleurs, comme toutes les autres ventes judiciaires, en décroissance marquée depuis 1891.

Le nombre des ventes judiciaires qui était encore de 30.772 en 1890 n'était plus que de 23.620 en 1899, soit en dix ans une diminution de près du quart.

Les ventes sur saisie immobilière ont participé en grande partie à cette diminution générale ; de 13.288 en 1890 leur nombre est tombé à 7.856 en 1899 et à 6.896 en 1901. Les procédures d'ordre ont naturellement suivi le même mouvement de décroissance.

« Ces résultats tendraient », dit le rapport officiel (1), « à démontrer que la situation de la propriété foncière « s'est notablement améliorée en France depuis dix ans. »

Mais n'est-il pas plus exact de se demander, comme le fait quelques lignes plus bas le rapport, « si les popula- « tions rurales, dont le nombre va d'ailleurs en diminuant, « ne reculent pas devant les formalités d'une procédure « toujours difficile et quelquefois ruineuse, surtout pour « les petits propriétaires, si nombreux en France, dont les « immeubles ne dépassent pas la valeur de 2.000 francs » ?

La saisie réelle est en effet une procédure longue et coûteuse : longue, parce qu'il est nécessaire d'accorder des

____

(1) *Journal Officiel* du 13 décembre 1901.

garanties au débiteur, coûteuse à cause des actes multiples qu'elle exige. En somme c'est une voie d'exécution presque exceptionnelle et sur laquelle ne peut compter la masse des créanciers.

Lorsque le débiteur est propriétaire d'un immeuble et que la vente sur saisie atteint un prix suffisant pour couvrir le passif, tous les créanciers sont désintéressés, créanciers inscrits et créanciers chirographaires.

Mais c'est encore là l'exception.

Le plus souvent l'immeuble est hypothéqué au delà de sa valeur.

Ni les créanciers chirographaires, ni mêmes les créanciers hypothécaires derniers inscrits ne sont remboursés ; seuls les créanciers premiers inscrits ont chance de l'être et encore pas toujours intégralement.

Cela est si vrai que les simples créanciers chirographaires n'ont que très exceptionnellement recours à la saisie immobilière ; ils savent fort bien que ce n'est pas par cette voie qu'ils obligeront le débiteur à payer.

A défaut du débiteur, ils pourront parfois se faire désintéresser par les créanciers hypothécaires, dont le rang, quoique éloigné, leur permet encore d'espérer être remboursés, si le prix de l'immeuble atteint un chiffre déterminé.

On conçoit que, menacés d'une vente à un moment peu propice, ils préféreront rembourser le saisissant en se faisant subroger dans ses droits. La saisie ou même seulement la menace de saisie aura donc eu pour résultat de faire rembourser le créancier chirographaire (ou encore le créancier hypothécaire qui ne vient pas en ordre utile) au détriment des autres créanciers inscrits.

L'hypothèse n'est d'ailleurs pratique que dans le cas d'une créance peu considérable, car il est évident que ces derniers n'auront aucun intérêt à opérer le remboursement si le montant de celui-ci dépasse l'aléa de la vente.

Ce n'est pas à dire qu'un créancier ne puisse pas se faire payer au moyen d'une saisie réelle, lorsqu'il se trouve en face d'un débiteur qui a des immeubles.

Mais il y a le plus souvent des circonstances de fait qui rendent ce remboursement problématique.

C'est ici qu'un créancier muni d'une hypothèque judiciaire, c'est-à-dire d'une hypothèque générale, aura l'avantage sur les autres créanciers.

Cette hypothèque, si décriée de nos jours, frappera au fur et à mesure de leur entrée dans son patrimoine soit par succession, soit par donation, tous les immeubles qui pourront advenir au débiteur.

Elle seule, avec l'hypothèque légale, mais d'une façon beaucoup plus large, peut donner au créancier cette sécurité d'un gage éventuellement assuré dans l'avenir.

Grâce à elle et dans l'hypothèse réalisée d'une acquisition à titre gratuit par le débiteur, le créancier pourra être payé. Il est donc permis de ne pas être de l'avis de ceux qui supprimeraient l'hypothèque judiciaire, sous prétexte qu'elle est injuste pour les créanciers et fatale au débiteur.

Injuste, parce qu'elle fait naître au profit de l'un ou de quelques-uns d'entre les créanciers une cause de préférence et leur permet de se faire payer avant les autres. C'est le raisonnement qui guidait certains adversaires de la contrainte : il faut supprimer la contrainte, parce qu'elle favorise les intérêts d'un créancier au détriment de ceux des autres créanciers. C'est le créancier le plus diligent ou le plus rapace qui, mettant le premier en œuvre l'arsenal des lois, sera le premier et peut-être même le seul à être payé.

D'autre part, l'hypothèque judiciaire serait fatale au débiteur, parce qu'une fois obtenue par un créancier les autres se hâteraient d'assigner afin de l'obtenir à leur tour. D'où débâcle du débiteur.

Tout d'abord, on ne voit pas pourquoi le créancier le plus diligent ne devrait pas être préféré.

Mais, en réalité, un créancier qui a pris hypothèque en vertu d'un jugement de condamnation, n'a pas si grande hâte de saisir et de faire vendre l'immeuble appartenant à son débiteur.

Temporairement rassuré par cette sûreté, il s'arrête et en reste là.

Les autres créanciers en font autant et il n'y a au bout de toutes ces poursuites aucune débâcle imminente.

Il faut quelque raison ultérieure pour décider l'un d'eux à exécuter, car ils savent fort bien que la saisie immobilière est une procédure longue et que s'ils ont un besoin urgent de leur argent ils devront d'abord tenter des voies plus rapides.

Enfin les créanciers ont encore à compter avec le débiteur de mauvaise foi qui, se voyant poursuivi, s'empresse d'aliéner ses immeubles afin d'en toucher seul le prix, ou qui constitue des hypothèques au profit d'un prête-nom, ou qui encore simule une dette envers un ami et consent une antichrèse qui, une fois transcrite, est opposable aux tiers et lui permet de toucher les revenus de ses immeubles sous le couvert de l'ami et au nez de ses créanciers désarmés (1).

Saisie Exécution.

Plus rapide que la saisie immobilière est la saisie exécution.

C'est malheureusement celle des voies d'exécution dont les créanciers tireront le plus mauvais résultat à l'encontre d'un débiteur de mauvaise foi.

Les moyens pour un débiteur de se soustraire à ce genre de saisie sont en effet aussi nombreux qu'efficaces.

Le développement toujours croissant de la richesse immobilière a fait mentir le vieil adage dont s'est inspiré le Code civil : *Res mobilis, res vilis*.

La conséquence de ce développement est que les choses mobilières, si faciles à dissimuler, échappent dans une proportion beaucoup plus considérable aux recherches des créanciers. Argent, titres et bijoux, tout cela tient peu de place et est facile à faire disparaître.

(1) Lobut, l'*Antichrèse*, thèse, Paris, 1897.

Pour les titres, la forme au porteur rend encore plus faciles les fraudes de toute sorte à l'égard du créancier.

Les inconvénients à ce point de vue sont si nombreux que l'on a vu des auteurs (1) proposer comme correctif à l'abolition de l'emprisonnement pour dettes la prohibition de la forme au porteur.

Ce serait un remède radical, mais impossible à appliquer.

Supprimer une forme si commode que la forme au porteur et qui rend de si grands et incontestables services et est appelée à en rendre davantage encore, à seule fin de remédier aux inconvénients de la suppression de la contrainte par corps, mieux vaut rétablir celle-ci du coup.

L'insaisissabilité des rentes sur l'Etat vient ajouter à l'embarras du créancier qui se trouve en face d'un débiteur qui peut mais ne veut pas payer.

On sait que si la Cour de Cassation s'est prononcée pour l'insaisissabilité relative des rentes sur l'État (2), le Conseil d'État a toujours maintenu la théorie de l'insaisissabilité absolue (3).

La Cour suprême considère en effet qu'en déclarant insaisissables les rentes sur l'État français, les articles 4 de la loi du 8 nivôse an VI et 7 de la loi du 22 floréal

(1) V. *Répertoire général du Droit français*, tome XIV, Contrainte par corps, page 10, n° 29.
(2) D. 1894, 1, 497 ; D. 1897, 2, 113, avec note de M. Glasson.
(3) Conseil d'Etat, 6 août 1879, D. 1879, 3, 41.

an VII, dont les dispositions ont été confirmées par les
lois du 11 juin 1878, 27 avril 1883 et 17 janvier 1894, ont
eu seulement pour objet d'interdire les saisies-arrêts de
ces rentes pratiquées entre les mains du Trésor public,
mais qu'ils n'empêchent pas les créanciers, conformément
au principe fondamental écrit dans les articles 2092 et
2093 du Code civil, de faire ordonner par justice la réalisation à leur profit des rentes sur l'État appartenant à leurs
débiteurs.

Tout autre est le système soutenu par le Conseil d'État.
Les lois du 8 nivôse an VI et du 22 floréal an VII ne se
bornent pas simplement à interdire les saisies-arrêts entre
les mains du Trésor ; elles ont soustrait les rentes sur l'État
français à la règle posée par le Code civil que tous les
biens du débiteur sont le gage de ses créanciers.

« Si des jugements attribuant des rentes à des créan-
« ciers étaient produits à l'agent-comptable des transferts
« et mutations, celui-ci ne pourrait pas passer outre à
« l'opération et se retrancherait derrière les dispositions
« qui lui interdisent de procéder à un transfert, en
« l'absence du concours du titulaire ou du propriétaire
« régulier. » (Lettre du Directeur de la Dette inscrite,
novembre 1895) (1).

Les rentes sur l'État sont insaisissables, quelle que soit
d'ailleurs leur forme, nominative ou au porteur ; même

____

(1) V. Maurice Vernier, *De l'insaisissabilité des rentes sur l'État*,
thèse, Paris 1899, page 43.

après la mort du rentier entre les mains de ses héritiers; même pour cause d'aliments.

C'est par simple tolérance que l'administration se prête au nantissement en rentes sur l'État ou au transfert des rentes appartenant au failli ou ayant appartenu au *de cujus* à la requête du syndic ou du curateur à la succession vacante et en faveur des créanciers de la faillite ou de la succession.

Le principe de l'insaisissabilité n'en reste pas moins intact et l'administration des finances refuse de procéder à aucun transfert de rentes au profit d'un créancier sans le concours du titulaire, quand bien même le créancier aurait obtenu un jugement les lui attribuant.

« Cette doctrine, qui est conforme au sens des lois de
« l'an VI et de l'an VII, est de nature à produire des résul-
« tats exorbitants et contraires à l'équité. Avec cette doc-
« trine, un failli peut conserver des titres de rente sur
« l'État et se moquer des créanciers avec l'argent desquels
« peut-être il les a achetés !

« Quand la contraite par corps, en matière civile et
« commerciale, existait, elle fournissait un moyen de forcer
« le débiteur à abandonner ses ressources, mais depuis son
« abolition le scandale sera impuni. Il est d'autant plus de
« nature à se produire souvent que les rentes sur l'État sont
« devenues plus nombreuses et sont répandues dans les
« mains d'un plus grand nombre de personnes (1). »

(1) Ch. Lyon-Caen et L. Renault, *Traité de Droit commercial,* tome VII, page 191.

On a donc également proposé comme remède la suppression pure et simple de cette insaisissabilité (1). Lors de la discussion de la loi de 1867, la question avait été agitée et la saisissabilité des rentes sur l'Etat avait été indiquée comme toute naturelle (2).

On conçoit très bien que les rentes sur l'État puissent être déclarées saisissables comme les autres.

Inventée dans le but soit de favoriser la hausse des fonds d'Etat à une époque où ils étaient très bas, soit de décharger les fonctionnaires du service des finances de la complication et des responsabilités des oppositions faites entre leurs mains, l'insaisissabilité ne fera défaut à aucun intérêt d'ordre général. Sa suppression ne peut que favoriser la mobilité des richesses qui est la règle des sociétés modernes, et sera bien accueillie tant pour des raisons de morale que d'utilité pratique. Mais comme elle n'est ni supprimée ni sur le point de l'être, les mauvais débiteurs pourront encore et pendant longtemps placer leurs fonds en rentes trois pour cent. Ils y trouveront actuellement ce double avantage : s'assurer l'insaisissabilité et acheter au-dessous du pair une valeur de tout repos.

Cette même question d'insaisissabilité se pose pour les obligations du Crédit Foncier de France, qu'un décret-loi du 28 février 1852 a déclarées insaisissables (art. 18).

De même que les rentes sur l'Etat, mais pour d'autres

(1) *Répertoire général du Droit français*, t. XIV, Contrainte par corps, page 10, n° 29.

(2) *Moniteur Universel*, 19 juillet 1867. p. 979.

motifs, sont soustraites à l'action des créanciers, « les
« sommes et objets disponibles déclarés insaisissables
« par le donateur ou testateur » (art. 581, 3, Code pr.
civ.) et toutes sommes données, léguées ou constituées à
titre d'aliments, alors même qu'elles n'auraient pas été déclarées insaisissables par la donation, le legs ou l'acte
constitutif (art. 581, 4 et 582).

Or les clauses d'insaisissabilité, encore que renfermées
dans des limites assez étroites, sont fréquentes et les legs
de sommes affectées du caractère alimentaire atteignent
souvent un chiffre élevé.

De là des conséquences choquantes : d'un côté, un
créancier qui ne peut rentrer dans son argent, de l'autre,
un débiteur qui vit dans l'abondance sans rien faire pour
s'acquitter.

On répondra qu'il y a dans cette insaisissabilité une
raison d'humanité.

Cependant je ne vois pas pourquoi une rente viagère,
lorsqu'elle est considérable, échapperait totalement au
créancier, alors que les salaires des ouvriers et gens de
service et les appointements ou traitements des employés,
commis et fonctionnaires ne dépassant pas 2.000 fr. (1)
peuvent être frappés d'une retenue du dixième au profit
des créanciers, et que, au-dessus du chiffre de 2.000 fr.,
la jurisprudence autorise la saisie des appointements ou
traitements dans la mesure arbitrée par le juge suivant

____

(1) Loi du 12 janvier 1895.

les circonstances du fait et les usages du lieu, et malgré leur caractère alimentaire. Il serait donc juste d'observer plus de proportion vis-à-vis des différentes catégories de débiteurs, et, s'il est équitable de leur laisser de quoi vivre, il serait équitable aussi de ne pas dépouiller leurs créanciers.

Si le débiteur tient à vivre tout à fait tranquille, il complétera sa ligue de défense par les mesures suivantes.

Il louera un appartement suffisamment confortable pour inspirer confiance.

Ordinairement le loyer sera au nom d'un ami complaisant. Mais il agira avec plus d'habileté en le prenant à son propre nom : c'est un moyen de crédit très puissant.

Le fournisseur méfiant qui viendra aux renseignements auprès du concierge apprendra avec satisfaction que son client paie un loyer d'un chiffre respectable (c'est le seul paiement strictement nécessaire), et livrera sans plus ample informé.

Par contre, le mobilier qui garnit l'appartement devra toujours appartenir à un prête-nom.

Dans ce but, le débiteur simulera la vente de son mobilier à un ami de bonne volonté qui sera censé lui en laisser la jouissance.

Il suffira de faire enregistrer l'acte de vente, afin qu'il acquière date certaine et soit opposable aux tiers : petite dépense pour un gros résultat.

Si en effet le créancier trop entêté persistait à saisir et à faire vendre, l'ami, muni de l'acte de vente dûment enregistré, formerait sur-le-champ une demande en revendication. Sur la production de pièces en règle, le créancier n'a qu'à arrêter ses poursuites et à payer les frais exposés par le revendiquant.

Le créancier a, il est vrai, l'action paulienne, qui lui permet de faire tomber la vente qui lui est opposée. Mais l'action paulienne exige pour réussir des conditions difficiles à réunir et à démontrer : fraude du débiteur, c'est-à-dire connaissance par le débiteur du préjudice qu'éprouvera le créancier, préjudice éprouvé par celui-ci, complicité du tiers poursuivi dans la fraude du débiteur.

Comment surtout prouver cette dernière condition ? Il y a là une impossibilité qui empêche la plupart du temps l'action paulienne d'être invoquée avec succès.

Il y a même toute une industrie qui consiste à louer, moyennant finances, des mobiliers complets.

Ces locations de mobiliers sont de plus en plus fréquentes. De nombreux garde-meubles les pratiquent et, sans incriminer en quoi que ce soit ce genre de commerce parfaitement licite, il est permis de constater les avantages que peuvent en retirer certains débiteurs et les inconvénients qui en résultent pour les créanciers.

On peut louer dans les mêmes conditions, pianos, chevaux, voitures, etc., bref tout le superflu si nécessaire pour éblouir et vivre... à crédit.

La fraude vis-à-vis du créancier se pratique ainsi sur toute l'échelle sociale des débiteurs et les petits ne sont pas les moins ingénieux.

Aussitôt qu'ils ont reçu le commandement de payer, ils déménagent chez le voisin leurs meubles les plus précieux, et la silhouette seule de l'armoire à glace ressortant en clair sur la paroi défraîchie du mur, annonce à l'huissier impuissant que vingt-quatre heures auparavant il y avait quelque chose à saisir et aujourd'hui plus rien.

Que pourrait en effet saisir l'huissier ? Des objets personnels, vêtements, cannes, etc... qui ne produiront pas en vente publique de quoi couvrir les frais d'exécution et que l'huissier ne vendra même pas.

Et là encore, le débiteur arrive à des ingéniosités remarquables pour soustraire les choses les plus intimes aux poursuites de son créancier.

Telle charmante personne porte les mêmes initiales que l'ami en titre et lorsque l'huissier sur le point de se retirer avec un procès-verbal de carence, s'arrête devant la garniture de toilette marquée au chiffre de la belle, on lui objecte non sans malice et sans succès que ce chiffre est aussi celui de M. X à qui appartient le mobilier.

Enfin lorque l'huissier parvient à saisir le débiteur et que la vente est signifiée, le débiteur alors requiert, sous n'importe quel prétexte, d'aller en référé, et là le juge, dans l'impossibilité de se rendre un compte exact de l'affaire par suite de la rapidité même de la procédure des référés et dans la crainte toujours d'être en présence d'un débiteur malheureux et intéressant, lui accorde tous délais pour se libérer.

Un créancier est nécessairement un homme riche et peut attendre la rentrée de son argent.

J'ai vu un débiteur épuiser toutes les ressources de la procédure, faire défaut, opposition, défaut sur appel, opposition à l'arrêt par défaut, gagner ainsi deux longues années et obtenir finalement du juge des référés un délai de six mois pour se libérer. Et il n'avait jamais nié sa dette!

On m'objectera que l'exécution provisoire est quelquefois accordée en matière civile (art. 135, Code pr. civ.) et toujours en matière commerciale (art. 439, Code pr. civ.).

Mais l'exécution provisoire, quand elle est prononcée par le juge, ne l'est qu'avec caution, même en matière commerciale où l'article 439 n'autorise à s'en passer que s'il y a titre non contesté ou condamnation précédente sans appel. Enfin en matière civile la solvabilité de la caution ne s'estime qu'eu égard à ses immeubles.

Ce sera donc pour le gagnant s'il veut exécuter immédiatement son débiteur, une somme souvent considérable à débourser, en attendant l'époque plus lointaine où, son premier jugement étant confirmé, il rentrera dans les fonds qu'il aura été obligé de consigner pour l'exécution provisoire.

On dirait vraiment à voir le débiteur échapper si long-temps à l'exécution de ses obligations, qu'il est le seul personnage digne d'intérêt.

Or l'exécution pour être efficace doit être rapide.

Qui ne voit parmi ceux qui clament contre les frais de justice que ces frais seraient considérablement diminués, si la loi et les juges se montraient plus sévères pour le débiteur.

Ils ont là une réforme tout indiquée : le jour où saisi au corps le débiteur sera déposé en prison, il songera bien plutôt à en sortir en payant qu'à prolonger la résistance en procédurant.

Pour terminer, indiquons un moyen ingénieux et sans danger de ne payer que partie de ses dettes :

Une famille vit en commun : la mère, le fils, une tante.

Ils habitent le même appartement; c'est tantôt l'un, tantôt l'autre qui fait les commandes aux fournisseurs. Ceux-ci livrent la marchandise : ils font crédit; sans crédit, pas de commerce. Les fournitures se multiplient ; les notes montent en proportion.

Enfin, un beau jour, après de timides réclamations et de longues hésitations, le fournisseur se décide à assigner ses trois clients et finit par obtenir à quelque temps de là un jugement.

Mais la condamnation n'est pas prononcée solidairement, la solidarité n'existant que dans certains cas limitativement déterminés, et un seul des trois débiteurs est solvable.

Lors donc que l'huissier se présente pour saisir, il doit se contenter de recouvrer le tiers des frais, le tiers du principal et le tiers des intérêts échus, si bien que le créancier qui a déjà vu le tribunal faire subir à sa créance la réduction d'usage, va encore perdre les deux tiers de sa créance ainsi réduite et une grande partie des frais par lui exposés; tout simplement parce qu'il a fourni de la marchandise aux trois locataires, au lieu de la fournir uniquement à celui des trois qui pouvait payer.

Perte sèche pour lui, mais bénéfice assuré pour les débiteurs.

Saisie-Arrêt.

Les objets les plus précieux, le débiteur les déposera dans un coffre-fort loué dans un grand établissement de crédit. Ils y seront en toute sûreté et aucune saisie-arrêt ne pourra troubler la tranquillité de leur propriétaire.

La jurisprudence n'admet pas en effet les saisies-arrêts pratiquées sur les objets contenus dans les coffres-forts loués aux tiers par les établissements de crédit.

Elle estime qu'il y a entre le propriétaire des objets et le banquier non pas un contrat de dépôt, mais un contrat de louage. Au point de vue d'une opposition faite entre les mains du banquier, les conséquences sont toute différentes.

S'il y a dépôt, l'opposition sera utilement signifiée et le banquier devra retenir les choses déposées dans le coffre-fort jusqu'à ce que la justice ait statué (1).

S'il y a louage, au contraire, l'opposition ne pourra être d'aucun effet, parce que le banquier n'est tenu d'aucune autre obligation que celle de faire jouir le locataire du

(1) Lyon-Caen, *Journal Droit inter. privé*, 1878, p. 81.

coffre-fort loué et qu'il ne pourrait faire la déclaration affirmative à laquelle l'article 573 du Code de procédure civile soumet le tiers saisi, puisqu'il n'y a pas de dette et qu'il doit ignorer le contenu du coffre.

Le tribunal de commerce de la Seine s'était prononcé dans le premier sens.

Le tribunal civil, au contraire, s'était prononcé en faveur du louage.

La Cour de Paris, se conformant d'ailleurs à une jurisprudence antérieure (1), a tranché la question dans le sens du tribunal civil (2).

La saisie-exécution reste donc seule possible et le créancier devra procéder suivant les formes usitées lorsqu'il s'agit de saisie des objets qui se trouvent chez un tiers.

Il pourra notamment faire nommer par ordonnance de référé un séquestre chargé d'ouvrir le coffre-fort pour le contenu du coffre être ensuite réalisé et réparti par voie de contribution conformément aux dispositions générales du Code de procédure civile.

Mais les difficultés surgissent de toute part.

Tantôt l'établissement où le débiteur a son coffre-fort exige le versement d'un cautionnement, tantôt il se refuse

(1) Voyez : Trib. civ. Nimes, 24 décembre 1899, D. 1901, 2, 441. — Trib. civ. Seine, 7 novembre 1900, D. 1901, 2, 443, avec note de M. Henri Robert. — Cour Montpellier, 19 mars 1901, D. 1902, 2, 25, avec note de M. Jules Valery.

(2) Paris, 12 février 1903, *Recueil de la Gazette des Tribunaux*, 2e semestre, 2, 5. — Paris 1er juillet 1903, le « *Temps* » du 2 juillet 1903.

à donner le numéro du coffre, tantôt il nie la location, et
le débiteur, averti par le commandement qu'exige l'article
583 Code de procédure civile, a le temps de faire disparaître
le contenu. D'autre part, les déclarations négatives ou
incomplètes faites par les tiers saisis sont fréquentes et difficiles à contrôler.

La saisie-arrêt reste possible, il est vrai, dans ses appli-
cations les plus usuelles et les plus générales : opposition
sur les salaires, appointements, créances, sommes ou objets
mobiliers dus au débiteur par ses débiteurs.

C'est, lorsqu'elle porte, une voie d'exécution efficace.
Mais elle implique de la part du créancier une connaissance
précise de l'actif et du passif de son débiteur.

Cette connaissance lui échappe la plupart du temps, pour
ne pas dire toujours.

En outre, ce n'est pas une voie d'exécution rapide.

Si le créancier n'a pas encore de titre, il faudra qu'il
s'adresse au Président pour obtenir l'ordonnance permet-
tant de saisir-arrêter et au tribunal pour obtenir un jugement de condamnation et de validité. Souvent même il
sera obligé de prendre un jugement pour contraindre le
tiers saisi à faire sa déclaration affirmative.

S'il a un titre, il devra de toute façon faire valider sa
saisie-arrêt. Dans l'intervalle, les autres créanciers pourront
également faire saisie-arrêt. D'où contribution et paiement
au marc le franc. Heureux encore le créancier, quand le
débiteur ne suscite pas quelque saisie-arrêt de complai-
sance qui réduit d'autant la part à lui revenir !

Enfin la saisie-arrêt est véritablement préjudiciable au débiteur.

Si la somme due est minime et la somme saisie arrêtée considérable, le voilà privé de ses ressources et exposé à s'embourber davantage.

Il y a sans doute certaines restrictions au droit de faire saisie-arrêt. C'est ainsi que la loi du 2 janvier 1895 a réglementé la saisie-arrêt des salaires des ouvriers ou gens de service et des petits traitements au-dessous de 2.000 francs.

Les traitements et pensions dus par l'Etat, les uns pour partie, les autres pour la totalité (art. 580, Code pr. civ.), les provisions alimentaires (art. 582) avaient déjà été déclarés insaisissables.

D'autre part, une pratique qui s'est établie au Tribunal civil de la Seine, oblige le créancier qui sollicite et obtient une ordonnance de saisie-arrêt, à signifier la dite ordonnance au débiteur trois ou cinq jours avant la dénonciation de la saisie-arrêt et l'assignation en validité.

Cette pratique permet au débiteur d'aller en référé avant que l'instance ne soit introduite au principal (1). En référé, il peut en effet obtenir le cantonnement de la saisie-arrêt par un dépôt d'argent à la Caisse des Dépôts et Consignations avec affectation spéciale à la créance du saisissant.

Ce n'est là cependant qu'un expédient extra judiciaire, auquel les praticiens ont dû recourir pour éviter cette indis-

(1) *Gazette des Tribunaux,* n° des 1-3 janvier 1904.

ponibilité si générale et si gênante dont est frappée toute somme saisie arrêtée.

Il faut d'ailleurs que la saisie-arrêt ait été faite sans titre avec la seule autorisation du juge.

Lorsqu'elle a été faite en vertu d'un titre, aucun moyen pour le débiteur de disposer du surplus de son argent: il est à la merci du saisissant.

On peut donc dire que la saisie-arrêt offre des inconvénients et pour le créancier qui la pratique et pour le débiteur qui la subit.

L'un est exposé tant que le jugement de validité n'est pas passé en force de chose jugée au concours des autres créanciers ; l'autre est mis dans l'impossibilité de disposer de la totalité de la somme saisie arrêtée : une saisie-arrêt intempestive entraîne bien souvent la déconfiture ou la faillite du débiteur.

Faillite.

La faillite ne procurera pas au créancier le paiement de sa créance, mais seulement le paiement d'une partie de celle-ci, un dividende en concours avec d'autres créanciers.

Tout au plus peut-on dire qu'elle agit sur le débiteur par la menace de son éventualité et l'engage ainsi à acquitter sa dette.

Mais la crainte de la faillite n'est pas d'une efficacité certaine. Si un commerçant honnête cherche à lui échapper, le mauvais débiteur s'en soucie médiocrement, surtout depuis la suppression de la contrainte par corps.

Failli, il quitte les lieux, va s'établir ailleurs et recommence : cela est courant. Très rigoureuse pour l'honnête homme, la faillite n'est plus pour le commerçant malhonnête qu'un épouvantail pour obtenir de ses créanciers des concessions ou la remise d'une partie de ses dettes.

Pour quelques-uns même, une faillite heureuse a été le début d'une ère de prospérité.

Cela tient à la publicité tout à fait insuffisante que reçoit une faillite.

Un extrait du jugement prononçant la faillite est affiché pendant trois mois dans la salle des audiences du tribunal qui l'a rendu, et inséré dans les journaux (art. 442, Code com.). Au bout de quelques mois, que reste-t-il de cette publicité ? Pas même un souvenir.

Il serait utile, pour permettre aux tiers de contracter en connaissance de cause, que mention du jugement fût portée en marge de l'acte de naissance du failli. Toute personne n'aurait qu'à demander la production de cet acte pour s'assurer de l'état de son co-contractant et le refus de le produire serait à bon droit considéré comme suspect.

Ce serait un nouveau pas vers l'organisation de ce casier civil que les besoins d'une vie de plus en plus active et rapide rendent si désirable. Mais ce serait aussi une mesure bien rigoureuse et la production du casier judiciaire peut paraître suffisante pour les besoins actuels.

La faillite d'ailleurs, et c'est un point de vue qu'il faut toujours considérer, ne s'applique qu'à une très petite portion de la population : tout ce qui n'est pas commerçant lui échappe et c'est la majorité des débiteurs.

Autrefois la faillite s'appliquait même aux non commerçants. L'ordonnance de 1673 sur le commerce (titre XI) ne fait aucune distinction entre commerçants et non commerçants, et il n'y a pas en effet de raison majeure de refuser cette garantie aux non commerçants.

« Les créanciers d'un non commerçant », disent excellemment MM. Lyon-Caen et Renault, « ne sont pas sérieu-
« sement protégés par la loi. Ils sont réduits à pratiquer
« des saisies sur des biens déterminés, dont le débiteur
« peut très facilement faire par avance disparaître l'objet,
« par cela même que, n'étant pas dessaisi de l'administra-
« tion de son patrimoine, il reste, malgré ses embarras,
« en possession de tous ses biens. L'action paulienne est
« une protection insuffisante pour les créanciers ; elle
« exige la preuve de faits difficiles parfois à établir, et
« elle est sans application aux paiements faits par le
« débiteur à certains créanciers qu'il favorise en les désin-
« téressant au détriment des autres. La grande différence
« faite par la loi, au point de vue de la faillite, entre les
« commerçants et les non commerçants, se justifie d'autant
« moins que la distinction entre les actes civils et les
« actes de commerce dont la réitération à titre profes-
« sionnel fait le commerçant, n'est pas toujours facile à
« faire et est souvent même quelque peu arbitraire. Des

« individus, surtout des sociétés, se livrant aujourd'hui
« à des opérations tout aussi importantes et hasar-
« deuses que les opérations commerciales, ne pourront
« pas être déclarés en faillite, de sorte que leurs créan-
« ciers, tout aussi dignes d'intérêt que ceux d'un com-
« merçant, ne sont pas protégés par les règles de la
« faillite (1). »

C'est dans le but d'obvier à cet inconvénient qu'a été
faite la loi du 1er juillet 1893, qui a permis d'appliquer à
une société civile en liquidation, la Société du Canal de
Panama, les règles principales de la faillite.

Une loi plus générale, la loi du 1er août 1893, a reconnu
à toutes les sociétés anonymes et en commandite, eussent-
elles un objet civil, le caractère de sociétés commerciales
et a étendu ainsi la faillite hors de ses limites.

Enfin, en pratique, on voit souvent les tribunaux,
et à Paris même le Président tenant les référés,
nommer un séquestre chargé de réaliser les biens ou
partie des biens d'un non commerçant et d'en répartir le
prix entre ses créanciers : c'est une sorte de syndic de
faillite (2).

Mais, même parmi les commerçants, combien ne sont
pas déclarés en faillite, ainsi que je le disais plus haut,

____

(1) Ch. Lyon-Caen et Renault. *Droit commercial*, t. VII, n° 37 *ter*,
page 29.

(2) Sur les séquestres nommés par les tribunaux, v. Garraud,
Revue pratique de Droit Français, 1880, p. 318 et s.

parce que leurs créanciers hésitent à recourir à cette extrémité ?

Ainsi des voies d'exécution souvent impuissantes, une faillite restreinte à une catégorie de débiteurs, une protection insuffisante pour les créanciers.

N'y a-t-il pas lieu d'intervenir et, après s'être occupé à peu près exclusivement du sort des débiteurs, de s'occuper de celui des créanciers ?

TROISIÈME PARTIE

RÉTABLISSEMENT DE LA CONTRAINTE PAR CORPS ET ORGANISATION
DE LA DÉCONFITURE

—

1. — Premier système : extension de la faillite aux non-commerçants.

   Système allemand et anglais.

   Objections.

2. — Deuxième système : organisation de la déconfiture parallèlement à la faillite.

   Différentes opinions sur cette organisation.

3. — Rétablissement de la contrainte par corps et organisation de la déconfiture

   Légitimité de la contrainte par corps ; — son utilité.

   Organisation de la contrainte par corps : sa généralisation.

   Nécessité de compléter cette organisation par la déconfiture des non commerçants

4. — La contrainte par corps dans les colonies françaises : établissements de l'Inde et Indo-Chine.

   La contrainte en Angleterre.

I

Partant de ce principe que la faillite devait suffire par elle-même à parer aux inconvénients qu'a entraînés la suppression de la contrainte par corps, certains auteurs (1)

(1) Brissaud. De la déconfiture et de la liquidation judiciaire, dans la *Revue générale du Droit*, 6ᵉ année, janvier-février 1882, p. 324 et s.

ont proposé comme remède l'extension de la faillite aux non commerçants.

Il est certain qu'en agissant ainsi le législateur innoverait bien moins qu'il ne reviendrait au système consacré jadis par le droit romain et par notre ancien droit.

Ce n'est en effet que depuis le Code de commerce de 1807 que la distinction entre commerçants et non commerçants a été nettement établie.

L'ordonnance sur le commerce de 1673 et les auteurs (1) admettaient au contraire que l'on pouvait, sans se livrer au commerce, être passible des peines de la banqueroute.

D'autre part, si le système français qui n'admet pas l'extension de la faillite aux non commerçants est encore consacré par les lois en vigueur en Grèce, en Turquie, en Roumanie, en Belgique, aux Pays-Bas, en Espagne et en Portugal et dans un certain nombre d'Etats de l'Amérique du sud et de l'Amérique centrale, il existe en opposition avec lui un système qui admet l'assimilation des non commerçants aux commerçants et que pratiquent l'Allemagne, l'Autriche, la Hongrie, l'Angleterre, les Etats-Unis, la Russie et les pays Scandinaves.

En Allemagne, les lois qui régissent la matière sont la loi du 18 février 1877 (*Konkursordnùng*) modifiée par la loi du 17 mai 1898.

(1) Jousse, *Traité de la justice criminelle*, IV, III, 5. — Rousseaud de Lacombe, *Traité des matières criminelles*, I, 2, 16.

Ces lois ont assimilé complètement les non commerçants aux commerçants.

La faillite (*Konkurs*) ainsi généralisée a pour effet d'opérer une saisie collective de tous les biens actuels du débiteur, tels qu'ils existent au moment de la demande. Ceux que le débiteur pourra acquérir dans la suite restent en dehors de la faillite, sauf à faire l'objet d'une seconde répartition au profit d'une seconde masse de créanciers.

« La faillite » dit M. Thaller (1) « est envisagée par le droit « allemand comme un moyen d'immobiliser le gage géné- « ral qui flottait sur le patrimoine. Immobiliser n'est pas « assez dire, car toute législation, semble-t-il, s'emploie à « obtenir un pareil résultat. C'est une vraie *cristallisation* « de biens qu'entraîne instantanément le jugement de « concours. »

C'est l'opposé du système français qui englobe dans la faillite tous les biens du débiteur, présents et à venir.

En Angleterre, les faillites sont régies par la loi du 25 août 1883.

L'assimilation du non commerçant au commerçant est non moins parfaite que dans la loi allemande ; les actes de nature à entraîner la faillite (*bankruptcy*) sont les mêmes pour tous deux et limitativement énumérés.

Le point spécial et très remarquable de la loi anglaise est que le concordat et tous arrangements entre créanciers et débiteurs peuvent précéder la mise en faillite et l'empêcher.

____

(1) Thaller, *Des faillites en Droit comparé*, Paris, 1887.

La procédure peut se ramener à trois phases dis-
tinctes (1) : jugement de la Cour des faillites nommant un
séquestre des biens du débiteur (*receiving order*) ; examen
des affaires du débiteur et des propositions d'arrangement (concordat ou liquidation amiable) ; jugement de la
Cour homologuant ces propositions ou prononçant au contraire la faillite.

Les petites faillites sont régies par des règles spéciales
et plus simples. Ce sont les faillites au-dessous de
7.500 francs (£ 300).

Au-dessous de 1.250 francs (£ 50), il n'y a pas de faillite
possible.

Une institution particulière aux faillites anglaises est la
décharge (*order of discharge*) (2). On entend par là le
droit pour la Cour des faillites de décharger le failli du
restant de ses dettes, lorsqu'il en a déjà payé une partie.

La décharge peut être ordonnée même sans le consen-
tement des créanciers. Elle ne fait pas cesser l'administration du syndic et ne replace pas le failli à la tête de ses
affaires, mais elle permet à celui-ci de jouir pour l'avenir
du même crédit que s'il n'avait pas été mis en faillite.

---

(1) V. Lyon-Caen. Exposé de la législation anglaise sur la
faillite, *Bulletin de la Société de Législation comparée*, t. 17,
année 1887-88, p. 292.

(2) L'order of discharge existe également aux Etats-Unis (art. 14
et 15 de la loi du 1er juillet 1898 : An act to establish a uniform
system of Bankruptcy throughout the United States).V. Traduction,
notice et notes sur la loi de 1898, par MM. Ch. Lyon-Caen et Paul
Govare, dans l'*Annuaire de Législation étrangère*, 1898, p. 759 et s.

C'est une véritable spoliation à l'égard des créanciers.

Heureusement la Cour n'use de la décharge que d'une façon discrète et de plus en plus rarement.

Enfin, ajoutent les partisans de l'assimilation, il n'y a plus de distinction suffisamment nette contre ceux qui font du commerce par profession et ceux qui font du commerce par occasion : tout le monde, et à des degrés différents, fait plus ou moins le commerce.

Comme le dit l'exposé des motifs de la loi allemande sur les faillites : « La limitation de la faillite aux commerçants « avait autrefois sa raison d'être ; le commerce était une « profession à part ; le crédit en était le signe distinctif ; « la capacité d'émettre des lettres de change était réservée « aux commerçants seuls ; ils étaient soumis à des mesures « d'exécution plus sévères. Toutes ces raisons ont disparu. »

Et en fait, l'expérience a démontré que l'application de la faillite aux non commerçants n'offrait aucun danger ; ni l'Allemagne, ni l'Angleterre, ni les autres pays qui ont généralisé le système de la faillite pour y soumettre tous les débiteurs, quelle que fût la cause de leurs dettes, ne souffrent d'un pareil état de choses ; au contraire.

C'est ainsi qu'en Angleterre on a constaté depuis 1883 une notable diminution du nombre des cessations de paiement et une augmentation des faillites sur la demande des débiteurs ; les frais ont diminués et les dividendes se sont élevés (1).

(1) V. Lyon-Caen, *op. cit.*

La principale objection que l'on puisse faire à ce système (et elle est à mon avis très sérieuse), c'est la différence de situation entre un commerçant et un non commerçant.

Tandis que la base du commerce est le crédit, crédit plus personnel que réel tant à cause des usages commerciaux que de la rapidité des transactions, le non commerçant ne peut pas prendre le crédit pour élément de ses opérations. Le crédit du non commerçant est essentiellement réel et ne dépasse guère le montant de sa fortune.

Aussi le créancier qui aura traité avec lui, ayant été à même d'apprécier son degré de solvabilité, ne pourra pas réclamer cette mesure rigoureuse au moyen de laquelle la loi assure l'accomplissement des obligations commerciales: la faillite. La richesse publique n'en sera pas compromise: ce sera affaire entre lui et son débiteur.

Dans le commerce au contraire, « les intérêts des con-
« tractants sont livrés aux hasards d'une circulation rapide,
« qui s'étend à travers des distances considérables, qui ne
« met pas les parties directement en présence, qui ne com-
« porte que des formes juridiques simples et expéditives.
« Chacun ne pourra se protéger lui-même; la loi devra
« veiller pour tous (1). »

D'un autre côté, et par cela même que le crédit commercial est le plus souvent privé de causes de préférence,

____

(1) Ernest Pannier. *Des conséquences juridiques de la déconfiture,* Paris 1875, p. 16.

gages ou sûretés réelles, il sera de l'intérêt général que tous les créanciers soient traités sur le même pied d'égalité : de là le dessaisissement que subit le failli, l'administration et la réalisation collectives de ses biens.

Ce même intérêt ne se retrouve pas en matière civile : entre le débiteur et le créancier civils, ce ne sera jamais qu'une affaire d'ordre privé.

Peut-on enfin constater l'insolvabilité civile comme l'on constate *l'insolvabilité commerciale*, c'est-à-dire par la cessation des paiements ?

Cela paraît difficile.

Les particuliers traitent rarement avec des échéances de rigueur. L'usage est au contraire de leur accorder de très longs délais pour leurs paiements ; une facture n'est souvent acquittée que six mois et plus après la livraison.

On ne peut donc rien conclure au point de vue de la solvabilité d'un particulier de ces paiements reculés : une note impayée ne signifie pas cessation de paiements.

« Il est d'autres indices plus caractéristiques dont on
« doit tenir compte dans cet ordre d'idées. La cession de
« biens par le débiteur, le fait qu'il a pris la fuite ou s'est
« caché sans autres motifs appréciables que son insolva-
« bilité, une condamnation à des paiements avec délai de
« grâce non exécutée dans les limites de ce délai, l'exis-
« tence d'un passif considérable en face d'un actif notoi-
« rement insuffisant, la pluralité des poursuites, le chiffre

« élevé des sommes réclamées sont de nature à établir que
« le débiteur est insolvable (1). »

Mais à vrai dire il est impossible de donner pour le non
commerçant un critérium et l'on devra s'en rapporter pour
la déclaration de chaque déconfiture à la souveraine appréciation du juge du fait.

Il peut se faire, sans doute, même pour le commerçant,
que la cessation des paiements ne soit pas une conséquence
de son insolvabilité; mais c'est là un cas exceptionnel
qui disparaît devant cette nécessité générale de la régu-
larité dans l'exécution des engagements commerciaux.

Enfin on objecte que le concordat qui est une des solu-
tions de la faillite, ne saurait être étendu sans inconvénients à la déconfiture.

Il est difficile en matière commerciale d'obtenir que les
créanciers examinent sérieusement ou par eux-mêmes les
propositions de concordat qui leur sont faites. La plupart
du temps, le débiteur va solliciter individuellement soit
ses créanciers, soit leurs mandataires, attendrit les uns,
gagne les autres et ne s'arrête que lorsqu'il a acquis un
nombre suffisant de voix favorables et préparé l'assemblée
qui votera son concordat.

Cette situation sera bien pire en matière civile.

Le non commerçant aura en général quelques gros

____

(1) Pascaud. Organisation de la faillite et de la liquidation judiciaire des non commerçants, *Revue générale du Droit*, 1893, tome
XVII, p. 500,

créanciers représentant à eux seuls la presque totalité du passif, et beaucoup de petits.

On verra donc le débiteur acheter au prix de concessions secrètes le vote prépondérant de ceux-là et le concordat résulter plus rarement encore d'une délibération sincère et impartiale.

J'ajoute qu'on ne voit pas pourquoi commerçants et non commerçants qui étaient soumis à un régime très différent, lorsqu'ils étaient au-dessus de leurs affaires, seraient régis pas des règles semblables, lorsqu'il s'agirait de liquider leur situation.

II

Un second système consisterait non plus à assimiler la déconfiture à la faillite, mais à organiser la déconfiture parallèlement à la faillite, avec des règles propres.

Mais ici les constructions les plus diverses s'échafaudent.

Un premier auteur organise la déconfiture de la manière suivante (1) :

Le non commerçant dont le passif excédera l'actif pourra se faire déclarer en déconfiture : ce serait la cession de biens transformée.

A défaut de cette mise en déconfiture volontaire, il y aura la mise en déconfiture forcée, à la requête des créanciers.

L'instance sera introduite par voie d'assignation et por-

---

(1) Pascaud, *op. cit.*, p. 481 et s. — V. aussi de Montluc, *De la déconfiture*, thèse, p. 124 et s., Paris, 1869.

tée devant le tribunal du domicile de l'insolvable ; le jugement déclaratif de déconfiture sera publié.

Pour obtenir cette mise en déconfiture, il faudra les poursuites de deux créanciers au moins et que le montant des dettes atteigne le cinquième de la fortune apparente du débiteur, tout en n'étant pas inférieur à 1.500 fr. en principal.

La déconfiture produira le dessaisissement du débiteur et suspendra les poursuites individuelles des créanciers. Un séquestre sera chargé de l'administration du patrimoine du déconfit et un juge commissaire de la surveillance des opérations de la déconfiture.

Dans la quinzaine du jugement, vérification des créances.

Le tribunal trancherait les difficultés qui pourraient s'élever et jugerait comme en matière sommaire.

« Il n'y aurait ni concordat, ni remise de dettes accor-
« dés à la majorité des voix, ainsi que cela se pratique
« en matière commerciale ; mais l'unanimité des créances
« aurait toujours la faculté de libérer le débiteur dans les
« proportions qu'il lui conviendrait d'adopter. Ce serait
« une convention de droit commun qui interviendrait. »
(p. 501).

En outre, la déconfiture pourrait être demandée dans l'année qui suivrait le décès d'un débiteur, au cas d'acceptation bénéficiaire et au cas de vacance de succession, la procédure s'introduisant dans ces cas non plus par assignation, mais sur simple requête. En cas de vacance de succession, cette procédure serait obligatoire, alors même qu'elle ne serait pas réclamée par les créanciers.

Enfin le déconfit reconnu coupable d'avoir détourné frauduleusement tout ou partie de son actif ou d'avoir contracté des dettes qu'il savait ne pas pouvoir payer, serait punissable de un à cinq ans d'emprisonnement. Nous retrouverons plus loin cette idée (1).

C'est sensiblement le même système que celui que proposait M. Garraud (2), qu'il développait en vingt articles et qui peut se condenser en ces quelques lignes du savant auteur : « Sur la demande du débiteur, du plus diligent « des créanciers ou du ministère public, le tribunal civil « du domicile du débiteur constatera judiciairement la « déconfiture. A partir du jugement déclaratif, les pour- « suites individuelles des créanciers seront suspendues, et « le débiteur sera dessaisi de l'administration de ses biens « qui passera entre les mains d'un syndic nommé par le « jugement déclaratif. Ce jugement sera affiché et inséré « par extraits dans les journaux d'annonces judiciaires. » (p. 367).

Un autre auteur, M. Pannier (3), proposait l'organisation d'une procédure d'opposition générale ou « dénonciation d'insolvabilité ».

« Nous voudrions », disait-il, « qu'il fût possible à toute

____

(1) Page 110.

(2) Garraud, *De la déconfiture*, *Revue pratique de Droit français*, 1880, p. 318 et s.

(3) Ernest Pannier, *op. cit.*, p. 333.

« personne ayant un droit de créance contre un insolvable,
« de s'assurer le bénéfice de cette disposition au moyen
« d'une formalité simple et peu dispendieuse, qui éta-
« blirait une sorte d'arrêt sur le patrimoine et fixerait
« définitivement, dans l'intérêt du demandeur, le droit des
« autres créanciers à un simple dividende. Pour obtenir
« ce résultat, la loi pourrait organiser une opposition gé-
« nérale ou dénonciation d'insolvabilité, à laquelle seraient
« attachées toutes les conséquences que l'article 808 attri-
« bue aux oppositions signifiées à un héritier bénéficiaire.
« En outre cette dénonciation d'insolvabilité emporterait
« assignation au débiteur, afin que celui-ci pût contester
« l'existence de la déconfiture. Pendant l'instance, tout
« créancier opposant pourrait intervenir au moyen d'un
« simple acte pour se rendre communs les effets de la
« sentence... Si la dénonciation d'insolvabilité est validée en
« justice, elle emportera défense pour l'insolvable de payer
« aucun créancier par préférence à l'opposant et sans lui
« attribuer sur les fonds disponibles une part proportion-
« nelle à sa créance. »

C'est en somme la mise en pratique de l'article 2093 du
Code civil : « Les biens du débiteur sont le gage commun
« de ses créanciers, et le prix s'en distribue entre
« eux par contribution, à moins qu'il n'y ait entre les
« créanciers des causes légitimes de préférence. »

L'auteur est surtout préoccupé d'établir entre les créanciers du déconfit une égalité absolue.

MM. Garraud et Pascaud calquaient leur organisation

de la déconfiture sur celle de la faillite et arrivaient à un parallélisme presque parfait.

M. Leveillé (1) a jeté les bases d'un système vraiment original, dont je veux dire quelques mots.

M. Leveillé écrivait à la veille de la suppression de la contrainte par corps et dans le feu des discussions. Partisan de la suppression, parce qu'il considérait, suivant ses propres expressions, la contrainte par corps comme étant d'une immoralité certaine et d'une utilité douteuse, il n'en reconnaissait pas moins la nécessité de protéger les créanciers contre « les insolvabilités coupables » et de faire quelque chose pour parer à cette suppression.

« Je ne veux donc pas seulement, rapportant les lois « de 1832 et de 1848, *abolir la contrainte par corps* ; « s'en tenir là, c'est s'arrêter à moitié chemin. Je veux de « plus *constituer en matière civile le délit de banque-* « *route,* lorsque l'insolvabilité du débiteur provient de « son imprudence ou de son dol. » (p. 330).

A la faillite, on opposerait la déconfiture ; à la banqueroute simple et à la banqueroute frauduleuse en matière commerciale, la banqueroute simple et la banqueroute frauduleuse en matière civile, l'une fondée sur l'insolvabilité compliquée de faute grave, l'autre fondée sur l'insolvabilité compliquée de dol.

« Est en état de banqueroute simple le non commer-

(1) Leveillé, « De l'abolition de la contrainte par corps », *Revue pratique de Droit français,* tome 22, juillet-décembre 1866, p. 305 et. s.

« çant insolvable qui a fait des dépenses de luxe jugées
« excessives, ou qui a pris à découvert pour autrui des
« engagements jugés trop considérables eu égard à la
« position qu'il avait lorsqu'il les a contractés. Le ban-
« queroutier simple sera puni de un mois à un an d'em-
« prisonnement.

« Est en état de banqueroute frauduleuse le non com-
« merçant insolvable qui aurait contracté une dette avec
« la certitude de ne pouvoir l'acquitter, ou qui se refu-
« serait par dol à l'accomplissement d'une obligation qu'il
« pourrait tenir.

« Le banqueroutier frauduleux ou son complice sera
« puni de un an à cinq ans d'emprisonnement (1). »

Le reproche que l'on peut adresser à ce système, et l'auteur lui-même s'excuse de l'encourir, c'est de créer un
nouveau délit, de constituer en matière civile le délit de
banqueroute, lorsque l'insolvabilité du débiteur provient
soit de son imprudence, soit de son dol.

C'est aussi, et avant tout, la difficulté de distinguer dans
quels cas le débiteur se trouve : déconfiture ou banqueroute ; banqueroute simple ou banqueroute frauduleuse ?

Il faudra nécessairement s'en rapporter à la souveraine
appréciation des juges ; ce sera l'arbitraire.

Quel que soit le système que l'on adopte, on demeure
frappé de cet effort de tous les auteurs vers un état meil-
leur et offrant plus de garanties aux créanciers.

____

(1) Article 2, paragraphes 1 et 2.

Après avoir été mêlé à la pratique des affaires, on sera convaincu de la nécessité de faire aboutir cet effort.

« Dans les vingt dernières années, on a agité la question
« d'une réforme de la législation des faillites, mais dans
« une intention toute différente ; on se préoccupait de
« venir au secours moins des créanciers que des débiteurs
« qui peuvent être malheureux (1). »

III

Le système le plus simple et le plus pratique serait évidemment le rétablissement de la contrainte par corps, non pas la contrainte par corps amoindrie telle qu'elle subsistait par suite d'amputations successives au moment de sa suppression, mais une contrainte par corps générale et aussi étendue en matière civile qu'en matière commerciale.

Ainsi élargie, la contrainte par corps deviendrait une véritable voie d'exécution. Le créancier qui aurait épuisé les différentes saisies que la loi met à sa disposition pour lui permettre de se faire payer et qui ne serait pas arrivé à un résultat, serait autorisé à pratiquer la contrainte par corps.

Enfin la déconfiture serait organisée, déconfiture et faillite complétant le rétablissement de la contrainte par corps.

On a beaucoup discuté sur la légitimité de la contrainte par corps, et c'est ici le lieu d'en dire quelques mots.

____

(1) Lyon-Caen et Renault, *op. cit.*, VII, p. 16.

On a prétendu que la liberté de chacun devait rester en
dehors des conventions et ne devait pas pouvoir être
donnée en gage.

En effet, sous le régime de la contrainte conventionnelle, le corps et la liberté sont hypothéqués comme s'il
s'agissait d'un champ ou d'une maison, et sous le régime
de la contrainte judiciaire et même sous le régime de la
contrainte dite légale, cette hypothèque est censée consentie.

« Que ces trois variétés coexistent, ou que la dernière
« seule survive, la créature humaine n'en restera pas
« moins avilie jusqu'à subir assimilation à l'une des
« valeurs qui rentrent dans le domaine du gage. Elle con-
« tinuera comme telle, d'être passible de revendication, de
« saisie, de séquestre en justice (1). »

Cette assimilation avec le gage eût été vraie à l'époque
très reculée où le débiteur pouvait être vendu « trans
Tiberim » et même plus tard, lorsqu'il restait incarcéré chez son créancier jusqu'à ce qu'il eut indemnisé
celui-ci par son travail de l'argent qu'il ne lui avait pas
remboursé.

Mais elle a cessé depuis des siècles d'être exacte, puisque la contrainte par corps n'a plus d'autre but que d'obli
ger le débiteur à révéler ses ressources cachées : le créancier n'a sur la personne de son débiteur aucun droit de
gage et le débiteur en contractant ne lui en confère aucun.

(1) Henri Hardouin, *op. cit.*, p 109.

Reste donc simplement la question de savoir si la liberté individuelle est tellement sacrée qu'elle doive rester au-dessus de toute atteinte, même la plus légitime.

Logiquement on ne voit pas pourquoi le débiteur ne pourrait pas être emprisonné, d'autant plus qu'il ne tiendrait qu'à lui de recouvrer sa liberté, soit en payant, soit en se faisant déclarer en faillite, soit en faisant cession de ses biens.

Y a-t-il donc entre voler et ne pas payer une si grande différence pour que l'on traite le débiteur avec tant de ménagements ?

« C'est un paradoxe singulier », avait dit le procureur général Delangle, au cours de la discussion (1), « c'est un « paradoxe singulier dans une société qui a maintenu la « peine de mort que de soutenir que la contrainte par « corps n'a pu y être établie.

« Sur quoi donc s'appuient les partisans de l'abolition « de la peine de mort? Sur ce que la vie humaine n'appar- « tient à personne; que Dieu qui l'a donnée peut seul la « retirer ; et cependant dans toutes les sociétés civilisées, « la peine de mort est maintenue. ..... La société qui « peut le plus, peut le moins. »

Troplong était plus affirmatif encore : « En interro- « geant ma raison, je suis obligé de reconnaître que ni la « peine de mort, ni la contrainte par corps n'excèdent le

____

(1) *Moniteur Universel* du 17 juillet 1867, p. 956, Séance du 16 au Sénat.

« droit de la société. Après avoir sondé les profondeurs
« mystérieuses du pouvoir social, j'y trouve avec évidence
« ce droit de punir par le sang, ce droit de coaction sur la
« liberté, qui, par ses expiations formidables ou par ses
« dures contraintes est, dans certains cas exemplaires, un
« effroi nécessaire pour le méchant, une sauvegarde publi-
« que, une garantie du crédit et de la propriété....

« La liberté est sans doute d'un grand prix; il ne faut
« pas y toucher avec légèreté. Mais, en principe, on ne
« voit pas par quelle raison de justice elle ne pourrait pas
« être mise à l'épreuve pour procurer l'exécution de la con-
« vention contractée par le débiteur récalcitrant (1). »

La contrainte par corps avait et aurait encore cette
double utilité d'agir par la crainte qu'elle inspire et à
défaut par la coaction de l'emprisonnement.

Les adversaires de la contrainte se sont efforcés de
démontrer que son utilité était douteuse et se sont servis à
cet effet des mêmes chiffres qu'invoquaient ses partisans :
on fait dire à la statistique un peu ce que l'on veut.

Ils convenaient cependant qu'il n'avait pas été sans
exemple que tel ou que tel bénéficiaire d'une contrainte
corporelle « parvînt tant bien que mal à s'indemniser par
« elle des suites d'un excès de confiance, ou de crédits plus
« ou moins imprudemment consentis à certains individus
« d'une solvabilité et d'une moralité plus ou moins équi-
« voque. Le dol enfin, ou à défaut de dol, l'incurie et la

____

(1) Troplong, *op. cit.*, p. II et page 10.

« négligence qui en sont l'équipollent, furent parfois peut-
« être ainsi conjurés (1). »

Mais quel esprit sensé, s'empressaient-ils d'ajouter,
s'avisera de conclure de ces faits accidentels et particuliers
l'utilité générale du régime ?

Je ne reviendrai pas sur ces discussions. Il me suffira
de rappeler cette loi du 19 décembre 1871 qui a rétabli la
contrainte par corps pour les frais en matière criminelle,
parce que les pertes qui étaient résultées pour le Trésor de
sa suppression, avaient atteint des chiffres considérables.

En l'espace de deux ans, j'ai vu fonctionner deux fois la
contrainte par corps en matière répressive et au profit de
particuliers et les deux fois la contrainte a abouti à faire
payer le débiteur.

Il s'agissait de dommages-intérêts encourus pour diffa-
mation par la voie de la presse. On sait que la contrainte par corps est autorisée pour les dommages-intérêts
ou réparations civiles qui prennent leur source dans un
crime, un délit ou une contravention (art. 52 et 469 C. pén.),
soit que le plaignant se porte partie civile ou qu'il pour-
suive sur citation directe devant les tribunaux répressifs,
soit même qu'il porte son action devant les tribunaux civils,
pourvu, dans ce dernier cas, que les tribunaux criminels
aient déjà statué sur l'infraction (art. 5 de la loi du
22 juillet 1867).

Dans l'un des deux cas que je mentionnais, le débiteur

____

(1) Henri Hardouin, *op. cit.*, p. 416.

s'acquittait dans les vingt-quatre heures du commandement ; dans le second, le débiteur s'acquittait quatre jours après son incarcération. Sans la contrainte, aucun d'eux n'eût jamais payé quoique ce fut.

On me dira que la contrainte par corps a ici le caractère d'une peine et qu'elle se comprend plus volontiers.

Mais il ne s'agit pas de savoir dans l'espèce quel est le caractère de la contrainte, mais bien si elle peut produire des effets utiles. Or il est certain que la contrainte par corps a eu pour résultat de forcer les débiteurs à payer.

Une épreuve de solvabilité, tel est en effet le véritable caractère de la contrainte par corps dans les domaines civil et du commerce.

Un débiteur dont tout le patrimoine est le gage de ses créanciers, ne doit pas pouvoir en détourner une partie à leur préjudice.

Comme il est facile pour lui de dissimuler son actif, il est de toute nécessité de le forcer à le déclarer et la contrainte par corps y contribuera puissamment.

Que l'on ne vienne pas me parler de torture. Il ne s'agit nullement de faire souffrir, même moralement, le débiteur; il s'agit de le faire payer.

La contrainte ne sera pas une peine, mais une épreuve de solvabilité.

Il ne s'agit pas, après avoir confisqué l'outil, de confisquer l'ouvrier (1), et, comme le disait un vieil

____

(1) Leveillé, *op. cit.*, page 313.

adage rapporté par Papon (Arrêts, 18, 5, 52), de prendre « la charrette, le charretier et le fouet ». A qui fera-t-on croire qu'un créancier soit assez peu soucieux de ses intérêts pour emprisonner son débiteur, lorsqu'il sait que celui-ci travaille et s'efforce de se libérer en travaillant ?

Non, il s'agit simplement de contraindre un débiteur a remplir des engagements qu'il a pris, que la justice a reconnus et qu'il ne *veut* pas exécuter. S'il ne *peut* pas les exécuter, n'oublions pas qu'il y a un moyen d'échapper à la contrainte par corps : commerçant, il se fera mettre en faillite ; simple débiteur civil, il fera cession de ses biens.

Aucune raison ne prévaudra contre ce système.

Vous craignez, dites-vous, qu'en voulant contraindre les mauvais débiteurs à payer, les débiteurs malheureux et de bonne foi subissent les rigueurs de la contrainte : qu'ils réclament leur mise en faillite ou qu'ils fassent cession de leurs biens et la contrainte prendra fin à l'instant même.

Il n'y aurait donc pas lieu, à mon avis, de se préoccuper de la bonne ou de la mauvaise foi du débiteur.

Vouloir distinguer entre la bonne et la mauvaise foi, serait impossible. Ce ne pourrait être qu'une question de fait laissée à l'appréciation du juge.

En admettant même que l'on put arriver à établir la distinction, il serait injuste de réserver la contrainte pour le seul débiteur de mauvaise foi : ce serait faire de la contrainte, ce que ses adversaires s'obstinaient à voir en elle, une peine, tandis qu'elle doit rester une épreuve de solvabilité.

Tout jugement civil ou commercial entraînerait la contrainte par corps.

La contrainte par corps ne pourrait jamais résulter que d'un jugement.

De plus elle ne pourrait être exercée qu'avec l'autorisation du président du tribunal et après justification que toutes les autres voies d'exécution sont demeurées sans résultat.

On trouvera dans la contrainte par corps telle qu'elle était pratiquée à l'égard des étrangers une procédure analogue.

L'article 15 de la loi du 17 avril 1832 autorisait en effet avant tout jugement, mais après l'échéance ou l'exigibilité de la dette et pour des motifs suffisants, le président du tribunal de première instance de l'arrondissement où se trouvait le débiteur étranger, à ordonner l'arrestation provisoire de celui-ci, à la requête du créancier français.

Il y aurait dans la nécessité d'obtenir pareille autorisation une garantie pour le débiteur d'être d'abord discuté dans ses biens et de n'être contraint que faute de biens apparents suffisants pour répondre du montant de sa dette.

On ne manquera pas de me faire l'objection suivante :

Puisque vous critiquez les voies d'exécution sur les biens comme trop longues ou trop dispendieuses, puisque vous considérez la contrainte par corps comme plus efficace, pourquoi obliger le créancier à épuiser ces différentes procédures avant de lui permettre de recourir à la contrainte? L'ancien article 2069 ne portait-il pas au contraire; « L'exer-

« cice de la contrainte par corps n'empêche, ni ne sus-
« pend les poursuites et les exécutions sur les biens » ?

Le Code civil, disait M. Troplong (1), « part de cette
« idée vraie que le débiteur obligé sous la contrainte par
« corps doit, pour échapper à ce moyen d'exécution, faire
« lui-même sa liquidation et ne pas se décharger sur le
« créancier du soin de rechercher ses propres ressources.
« Cette opération est beaucoup plus facile pour le débiteur
« qui connaît tout, que pour le créancier qui ne connaît
« rien. Elle est beaucoup plus économique entre ses mains
« qu'entre les mains du créancier, qui ne peut procéder
« qu'à l'aide de saisies dispendieuses. De toutes les ma-
« nières de vendre, la plus mauvaise c'est la vente sur
« expropriation. Eh bien! c'est celle-là qu'on préfère dans
« le système opposé à notre article (art. 2069). On com-
« mence par ruiner le débiteur en frais en attendant qu'on
« le livre, pauvre et dépouillé, à la prison. »

Mais si l'on y réfléchit et en partant de ce principe que
la contrainte par corps ne doit jamais être qu'une épreuve
de solvabilité, on se convaincra facilement que le créancier doit tout d'abord essayer de se faire rembourser sa
créance sur les biens apparents du débiteur. Ce n'est qu'en
l'absence ou au cas d'insuffisance des dits biens, permet-
tant de supposer que le débiteur dissimule son patrimoine,
qu'il faudra songer à employer un moyen pour le contraindre à les révéler : à ce point de vue, la contrainte

(1) Troplong, *op. cit.*, page 262,

remplit les conditions de coaction voulues. Mais tant qu'il y a un patrimoine ou une apparence de patrimoine, on ne permettra pas au créancier d'y avoir recours, parce que ce serait la détourner de son but.

C'est le système de gradation adopté par le Code lorsqu'il s'agit d'un mineur ou d'un interdit. Le créancier doit s'attaquer au mobilier, et ensuite seulement aux immeubles considérés comme plus précieux. « Les immeubles « d'un mineur même émancipé, ou d'un interdit ne « peuvent être mis en vente avant la discussion du « mobilier. » (article 2206).

Ainsi saisie du mobilier, puis saisie des immeubles et, en dernier lieu, contrainte par corps au cas où les biens vendus n'auraient pas suffi à rembourser le ou les créanciers.

La durée de l'emprisonnement serait uniforme pour les dettes civiles comme pour les dettes commerciales et serait considérablement réduite.

Elle ne dépasserait pas :

3 mois pour une condamnation en principal de 100 à 500 fr. ;

6 mois de 500 à 1.000 fr. ;

9 mois de 1.000 à 3.000 fr. ;

un an de 3.000 à 5.000 fr. ;

18 mois de 5.000 à 10.000 fr. ;

deux ans à partir de 10.000 fr. et au-dessus.

Au-dessous de 100 fr, il n'y aurait pas de contraint par corps.

C'est le quart de la durée qu'édictait l'article 5 de la loi du 17 avril 1832 pour l'emprisonnement en matière commerciale, et ce serait très suffisant pour empêcher le débiteur de préférer son argent à sa liberté et lui enlever même l'idée de manifester cette préférence par des actes.

Les anciennes prohibitions dues à l'âge, au sexe, à la parenté ou à l'alliance ainsi que l'obligation pour le créancier de pourvoir à l'entretien du débiteur incarcéré seraient rétablies.

Enfin la contrainte par corps prendrait immédiatement fin soit par la faillite, soit par la cession de biens réorganisée et perfectionnée sous le nom de déconfiture.

Mais, objectera-t-on, du moment où vous permettez au débiteur de se soustraire à la contrainte par corps soit par la cession de biens, soit par la faillite, n'y a-t-il pas intérêt à mettre tout de suite le débiteur en faillite? Pourquoi dès lors rétablir la contrainte?

Pareil raisonnement est inexact.

Le créancier peut ne pas connaître l'état des affaires de son débiteur; partant, il peut se tromper sur son degré de solvabilité et ne point obtenir la mise en faillite. Pourquoi l'obliger à se faire juge de la question? Le débiteur refusant de payer, il n'a pas à rechercher si c'est par mauvaise foi ou par impossibilité. Ce sera au débiteur récalcitrant une fois emprisonné ou bien à payer, ou bien à se faire déclarer en faillite.

La faillite est d'ailleurs une mesure rigoureuse qui ruine le débiteur et devant laquelle on voit maint créancier reculer,

Les conséquences en sont beaucoup plus terribles que celles de la contrainte par corps. Dessaisi de l'administration de tous ses biens, déchu, marqué, le failli est désormais dans la presque absolue impossibilité de se relever : c'est le bonnet vert que notre ancien droit imposait au débiteur qui avait fait cession de ses biens (1).

La faillite doit donc être réservée comme une mesure extrême contre le débiteur, destinée à avertir le public de ne plus entrer en rapport d'affaires avec lui.

Rétablir la contrainte ne serait pas empirer la situation du débiteur et serait améliorer celle du créancier trop souvent sacrifié.

L'organisation de la déconfiture viendrait nécessairement compléter le rétablissement de la contrainte par corps.

De même que la faillite pour les commerçants, la déconfiture constituerait pour les non commerçants en même temps qu'une mesure de réalisation collective du patrimoine du débiteur, au profit des personnes actuellement créancières, une mesure de publicité suffisante au profit des personnes qui seraient tentées de le devenir dans la suite.

Il est bien certain que la cession de biens telle que l'a instituée le Code civil est insuffisante et par suite inusitée.

______

(1) Le débiteur insolvable recevait un bonnet vert de la main du bourreau, à la Croix, monument élevé sur la place des Halles et voisin de la Fontaine des Halles et du Pilori (v. Vitu *La maison des Pocquelins aux piliers des Halles*, Mém. de la Soc. Hist. de Paris, tome XI, p 275).

« Autrefois on s'en servait afin d'éviter la contrainte
« par corps ; depuis la loi de 1867, elle semble se survivre
« à elle-même ; nos jurisconsultes ne parlent d'elle que
« pour constater qu'elle se meurt. Mieux organisée, elle
« serait peut-être très pratique et très utile. Telle qu'elle
« est, elle est trop défectueuse pour donner de bons résul-
« tats. Tantôt elle est prononcée par la justice, tantôt elle
« résulte d'une convention entre le débiteur et les créan-
« ciers intéressés. Sous sa première forme (cession judi-
« ciaire) elle ne porte que sur les biens cédés ; s'il en
« survient de nouveaux au débiteur, il y a lieu de recou-
« rir à de nouvelles poursuites ; — sous sa dernière forme,
« quand elle est volontaire, elle a, par rapport au concor-
« dat, ce grand désavantage que la majorité des créanciers
« ne peut pas l'imposer à la minorité ; elle ne lie que les
« créanciers qui l'ont consentie (1). »

Quelle garantie offre la cession de biens pour le créancier ? Aucune. Si en effet la mise en faillite est une pré-
somption suffisante de l'insolvabilité du débiteur emprisonné et détermine sa mise en liberté, on ne saurait en
dire autant de la cession de biens pour le non commerçant.

Voici un débiteur qui pour se faire élargir fait cession
de biens. Qui est-ce qui peut garantir que cette cession est sincère et comprend réellement tous ses biens ?

Le débiteur ne cède que ce qu'il veut bien céder, ou
plutôt ce qui lui est impossible de ne pas céder. Une fois

____

(1) Brissaud, *op. cit.*, p. 326.

la cession faite, il n'est pas, comme le failli, frappé de déchéances civiles ou civiques. Aucune publicité n'avertit les tiers qu'il a fait cession de ses biens et qu'en définitive il y a danger de traiter avec lui.

D'où insécurité des relations pour le prêteur et difficulté du crédit même pour l'emprunteur.

Il y aurait donc lieu de fondre la cession de biens dans la déconfiture et d'organiser celle-ci, aussi bien du vivant du débiteur qu'après sa mort.

Je n'ai pas à examiner de quelle manière cette organisation pourrait être le plus avantageusement réalisée ; il suffirait qu'elle le fût d'une manière ou d'une autre, car elle est indispensable.

Il ne faut pas qu'un débiteur puisse demander sa mise en déconfiture, comme autrefois il faisait cession de biens. La déconfiture sans doute, comme la cession de biens, comme la faillite, le fera échapper à la contrainte par corps, mais, comme au cas de faillite, cette mise en liberté devra être suivie de tout un ensemble de précautions destinées à assurer la sincérité des opérations de liquidation de son patrimoine.

Compter sur la bonne volonté d'un débiteur pour donner des renseignements utiles sur sa situation, pour réaliser son actif et liquider son passif, alors que dans la faillite même une partie de l'actif du failli échappe trop souvent aux recherches du syndic, c'est ne pas connaître la pratique des affaires. Aussi, quelle que soit la forme adoptée pour l'organisation de la déconfiture, le législateur devra se préoccuper de ce point, le seul important : dessaisir le déconfit de l'administration de ses biens. De cette manière, le débiteur saura que, si la déconfiture doit lui éviter l'emprisonnement, elle n'en aboutira pas moins au but proposé, c'est-à-dire au paiement de ses créanciers.

IV

Le reproche que l'on pourrait me faire de vouloir ressusciter quelque chose de mort en voulant rétablir la contrainte par corps pour dettes, serait d'autant moins justifié que la contrainte par corps fonctionne à l'heure présente non seulement en Europe et hors d'Europe, mais même dans les colonies françaises.

Si ce que l'on a dit contre la contrainte par corps est exact, comment se fait-il qu'elle subsiste; bien mieux, comment se fait-il qu'elle ait été rétablie sur le territoire extra continental de la France ; et, si elle rend des services hors de France, pourquoi n'en rendrait-elle plus chez nous ?

La suppression de l'emprisonnement pour dettes, cette réforme si indispensable, si urgente surtout, n'a été étendue de la métropole aux colonies que bien postérieurement.

Si un décret du 6 décembre 1869 supprima la contrainte par corps à la Martinique, à la Guadeloupe et à la Réunion (1),

----

(1) Une loi du 1er juillet 1891 a, à son tour, déclaré applicables à ces trois colonies et la loi du 22 juillet 1867 et la loi du 19 décembre 1871, sous prétexte d' « homogénéité de la législation ». (V. Rapport *J. Off*. 7 avril 1891, n· 1196, p. 366).

si un décret du 27 juillet 1867 rendit applicable à l'Algérie la loi de 1867, ni Saint-Pierre et Miquelon, ni le Sénégal, ni Mayotte et autres dépendances africaines, ni l'Inde française, ni la Cochinchine, ni la Nouvelle-Calédonie ne bénéficièrent de cette suppression.

C'est un décret du 13 janvier 1888 qui a supprimé la contrainte par corps à Saint-Pierre et Miquelon, un décret du 12 août 1891 qui a étendu la loi du 22 juillet 1867 à la Guyane, au Sénégal, au Congo, à Mayotte, Diégo-Suarez et Obock, à la Cochinchine et à l'Indo-Chine, aux établissements de l'Inde, à la Nouvelle-Calédonie et aux autres îles de l'Océanie.

Tout récemment encore l'emprisonnement pour dettes était donc pratiqué aux colonies.

Plus récemment encore il a été rétabli en Cochinchine et en Indo-Chine (décret du 24 juillet 1893), contre les indigènes et Asiatiques assimilés.

Il ne faut donc pas dire que la contrainte n'est d'aucune utilité, puisqu'il a paru indispensable de la rétablir contre les indigènes.

Il ne faut pas dire non plus qu'elle se comprend contre eux, car ce sont des sujets français tout comme les nègres du Dahomey ou les Français de France qui n'y sont plus soumis, et il n'est pas philosophique de prétendre que ce qui est mauvais pour l'un est bon pour l'autre, simplement parce que la couleur de la peau n'est plus la même.

Ce n'est même pas un accident dans une législation uniforme, car un décret du 12 février 1898 a abrogé aux Indes françaises le décret du 12 août 1891 en ce qui concerne les indigènes, de telle sorte que les Hindous comme les Indo- et les Cochinchinois sont aujourd'hui contraignables par corps.

Le rapport de M. André Lebon, ministre des Colonies, qui précède le décret du 12 février 1898 est très court, mais très significatif : « La pratique a démontré le danger « de cette innovation (l'abolition de la contrainte par corps) « dans les établissements français dans l'Inde. Les garan- « ties réelles sont en effet très faibles dans cette colonie et « la fraude est favorisée par la proximité des territoires « étrangers où le débiteur de mauvaise foi peut se réfugier « en quelques instants (1). »

Ne doit-on pas déduire du rétablissement de la contrainte par corps dans ces colonies, comme du rétablissement de la contrainte pour le recouvrement des frais en matière criminelle, que cette voie d'exécution est encore apte à rendre de grands services ?

La loi annamite autorise la contrainte par corps pour toute dette civile ou commerciale (2). Mais la dette n'en- traîne la contrainte qu'autant qu'elle est personnelle.

Le débiteur peut même être déchargé de la contrainte, si le tribunal reconnaît qu'il a fait son possible pour payer : c'est une prime au débiteur de bonne foi.

De nombreuses décisions insérées au *Journal judiciaire*

---

(1) *Journal Officiel* du 15 février 1898, p. 988.
(2) Philastre. *Le Code annamite*, traduction, 1876.

de l'Indo-Chine française prouvent que cette voie d'exécution y-est journellement pratiquée.

En ce qui concerne l'exercice de la contrainte, on applique la loi française dans celles de ses dispositions qui ne sont pas contraires à l'organisation judiciaire locale.

Aux Indes françaises, la contrainte par corps est autorisée et régie par la loi hindoue (1) et par la loi française.

Toute obligation, comme en droit annamite, entraîne la contrainte par corps. Mais la législation offre cette particularité que la contrainte peut être exercée, soit après le jugement, soit même avant.

L'exercice de la contrainte par corps n'est d'ailleurs pas soumis à toutes les formalités prescrites par le Code de procédure civile et les lois subséquentes, qui sont trop méticuleuses et par suite retarderaient l'exécution. Le débiteur indigène a seulement le droit de se faire conduire en référé. L'esprit de la législation locale, tant française qu'hindoue, est en effet une exécution rapide. « Emprisonnement immédiat » porte l'article 25 de l'ordonnance locale du 26 mai 1827.

La contrainte par corps est « très usitée dans l'Inde française » écrit un auteur (2) qui l'a vu fonctionner dans cette colonie. Et il en donne comme raison la nature pres-

---

(1) Code de Manou, livre VIII, 3 et 4. — *Digeste de Jagganatha Tercapauchanana*, tome I, p. 339.

(2) Crémazy. « Etude sur la contrainte par corps dans les établissements français de l'Inde », *Bulletin de la Société de législation comparée*, 1880, tome IX, page 332.

qu'exclusivement mobilière de la fortune des habitants
« consistant presque toujours en bijoux, pierreries et
« objets de prix sous un faible volume qu'ils peuvent
« aisément soustraire aux recherches du créancier porteur
« d'un titre exécutoire. Il arrive fréquemment, en effet,
« que dès le début d'une poursuite en saisie-exécution ou
« en saisie réelle, ou d'une action en justice, des débiteurs
« peu scrupuleux mobilisent précipitamment leur avoir et
« se réfugient sur le territoire anglais, dans lequel sont
« enclavées nos possessions ».

Il n'est pas besoin d'aller jusqu'aux Indes pour trouver
des débiteurs de cette espèce.

Une très curieuse institution est la mise d'un « pion à
bath » sur un débiteur.

Le pion à bath est un garnisaire salarié (bath : salaire)
que le créancier charge d'accompagner son débiteur jusqu'à complète exécution de son obligation. Le bath est
avancé par le créancier, mais vient soit en déduction du
prix stipulé lorsqu'il s'agit d'une fourniture à faire, soit en
augmentation du capital lorsqu'il s'agit d'une dette à payer.
C'est en tout cas pour le créancier un moyen d'obtenir l'accomplissement de l'obligation par son débiteur plus doux
que celui qui consistait à s'asseoir à la porte de celui-ci
et à refuser toute nourriture jusqu'à ce que le récalcitrant
effrayé des conséquences de ce jeûne volontaire, se décidât
à s'exécuter.

En Europe, la contrainte par corps est encore pratiquée

comme voie d'exécution en Russie, en Grèce, aux Pays-Bas et en Angleterre.

La contrainte par corps existe dans la législation russe en toute matière. Seuls les militaires et les marins n'y sont pas soumis (1).

La législation des Pays-Bas, dérivant directement du Code Napoléon, admet la contrainte en matière civile et commerciale.

La législation grecque reproduit à peu près les dispositions du droit français antérieur à 1832 (2).

Mais ce qu'il y a de plus piquant, c'est de voir l'Angleterre que les promoteurs de la loi de 1867 représentaient comme étant sur le point d'abolir la contrainte par corps, la maintenir et continuer à la pratiquer.

Ne devait-on pas, disaient-ils, imiter l'Angleterre et même la devancer ? Quel exemple de libéralisme donnerait le gouvernement impérial et quel honneur il allait en retirer ?

Le premier président de Royer terminait son rapport au Sénat par ce court exposé de la contrainte par corps en Angleterre (3) : « L'arrestation avant jugement (on mesne « process) a été supprimée par l'acte de la reine du 16 août « 1838.

« L'arrestation après jugement (on final process) existe « encore pour les dettes au-dessus de £ 20 (500 fr.). Le « débiteur, commerçant ou non, peut y échapper, si la

____

(1) V. *Annuaire de législation étrangère*, 5ᵉ année, p. 840.
(2) V. Darbois, *op. cit.*, p. 41 et s.
(3) Séance du 5 juillet au Sénat, *Moniteur* du 6 juillet 1867.

« dette dépasse £ 50, en déposant son bilan et en se cons-
« tituant en état de banqueroute.

« Mais deux bills tendant à supprimer cette arrestation
« ont été présentés les 9 et 13 mars 1865 à la Chambre
« des lords. Le 14 mars dernier (1867), un nouveau bill a
« été présenté pour abolir l'emprisonnement après juge-
« ment, dans les actions civiles, excepté dans certains cas
« réservés par l'article 5 et procédant tous d'une intention
« plus ou moins coupable. La discussion de ce dernier
« bill paraît arrêtée, dans ce moment, par la nécessité d'en
« concilier les dispositions avec celles d'un autre bill pré-
« senté le même jour, pour la révision de la loi sur la
« banqueroute. »

Il fallait donc se hâter, si l'on voulait arriver bon
premier. D'autre part, les auteurs écrivaient que la contrainte par corps était « virtuellement abolie » en Angleterre ou bien qu'elle s'y était affaissée sous le poids des
« odieuses turpitudes traînées à la barre de l'opinion pu
« blique par de solennelles enquêtes » (1).

C'était prendre des désirs pour des réalités et en tout cas
avoir bien mal compris les textes anglais, car si le bill présenté le 14 mars 1867 sous le titre de : « An act to abolish
arrest on final process in civil actions in England and
otherwise to amend the law relating to judgment and
orders to arrest » a abouti au vote et à la promulgation
de la loi du 9 août 1869 intitulée « An act for the aboli-

______

(1) Hardouin, *op. cit.*, préface, p. XIX.

tion of imprisonment for debt, for the punishment of fraudulent debtors and for other purposes », il s'en faut que la contrainte par corps ait été abolie, malgré les titres sonores du projet et de la loi.

Oui sans doute, le créancier ne peut plus emprisonner un débiteur malheureux et de bonne foi.

Mais tout débiteur dont la fraude ou la mauvaise volonté aura été reconnue reste contraignable par corps : et c'est la majorité.

Au-dessous de £ 50 (1.250 fr.) la durée de l'emprisonnement est de six semaines au plus.

Au-dessus de ce chiffre, la durée peut s'élever à deux ans.

Dans le premier cas, ce sont les Cours supérieures et les Cours de Comté qui sont compétentes.

Les frais de l'emprisonnement sont à la charge du Comté et, à l'expiration du temps fixé, la dette non payée continue à subsister.

Dans le second, c'est la Cour de banqueroute. Celle-ci peut prononcer, mais seulement sur la demande des créanciers et s'il n'y a aucune faute imputable au débiteur, la libération complète et entière de celui-ci, moyennant le paiement d'un dividende de 50 0/0, soit 10 shillings par livre.

Enfin, un act de 1870 a interdit d'assigner le débiteur hors de son district.

Il arrivait, en effet, auparavant que le débiteur fût condamné à plusieurs milles de son domicile, de sorte que les seuls frais nécessités par son retour dépassaient parfois le montant de sa dette.

Peu de temps après, le 19 juin 1872, la Chambre des communes fut saisie par M. Bass, député du Derby, d'un bill ayant pour objet l'abolition de la contrainte par corps pour les dettes inférieures à £ 5 : le bill fut repoussé.

Deux ans plus tard, le même député présenta à nouveau le même bill, sans plus de succès d'ailleurs qu'auparavant.

Ce ne fut pas à la légère que le bill fut rejeté. Une enquête très minutieuse avait été ouverte, des commissaires nommés, des témoins entendus et un rapport volumineux déposé (1).

Le seul reproche qui fut retenu contre la contrainte par corps fut l'inégalité qui existe entre les petits et les gros débiteurs, ceux-ci pouvant être déchargés pour l'avenir en payant la moitié de leur dette, ceux-là restant tenus indéfiniment de la leur.

Mais ce reproche qui tient à une organisation facile à réformer mis à part, tous ou presque tous les témoins entendus par les commissaires, magistrats ou commerçants, demandèrent le maintien de la prison pour dettes, et nombre de déposants vinrent attester le mauvais vouloir de la presque totalité des petits débiteurs qui, disaient-ils, ne payaient qu'en recevant la lettre du collecteur de dette ou même seulement entre les mains du shériff venu pour les arrêter et qui, sans la contrainte, n'auraient rien payé du tout.

(1) Hubert Valleroux, « Analyse d'une enquête sur la contrainte par corps en Angleterre », *Bulletin de la Société de Législation comparée*, III, 1873-74, p. 203.

Les commissaires se prononcèrent pour le maintien de la contrainte par corps et le Parlement aussi.

Les adversaires de la contrainte par corps ont dit et répété que l'on devait préférer assurer la liberté des citoyens plutôt que le paiement de leurs dettes par quelques-uns d'entre eux et qu'il y avait là un intérêt général qui devait prévaloir sur l'intérêt particulier.

Ce raisonnement m'a toujours paru profondément inexact.

L'intérêt général n'est-il pas aussi que les transactions, civiles et commerciales, s'exécutent avec le plus de sécurité possible, qu'en un mot le débiteur qui s'est obligé s'acquitte de sa dette envers son créancier le plus souvent possible ?

Qu'importe alors que pour arriver à ce résultat la liberté de quelques-uns soit momentanément gênée ?

Doit-on dire enfin du législateur moderne ce qu'on a dit de Justinien, qu'il valait presque autant, sous son règne, être débiteur que créancier ?

Erratum : p. 46, l. 16, au lieu de rapidement, lire rarement.

BIBLIOGRAPHIE

—

Renouard. — Traité des faillites et banqueroutes, Paris,1844.

Troplong. — De la contrainte par corps, Paris, 1847.

Leveillé. — De l'abolition de la contrainte par corps, dans la *Revue pratique de Droit français*, 1866.

Garsonnet. — De l'influence de l'abolition de la contrainte par corps sur la législation commerciale, Paris, 1868.

De Montluc. — De la déconfiture, thèse Paris, 1869.

Hardouin. — Essai sur l'abolition de la contrainte par corps, Paris, 1874.

Pannier. — Des conséquences juridiques de la déconfiture, Paris, 1875.

Hubert-Valleroux. — Analyse d'une enquête sur la contrainte par corps, en Angleterre, dans le *Bulletin de la Société de législation comparée*, Paris, 1873-74.

Crémazy. — Communication sur l'exercice de la contrainte par corps dans les établissements français de l'Inde, dans le *Bulletin de la Société de législation comparée*, Paris, 1880.

Garraud. — De la déconfiture, dans la *Revue pratique de Droit français*, Paris 1880.

Darbois. — Traité théorique et pratique de la contrainte par corps, Paris, 1880.

Brissaud. — De la déconfiture et de la liquidation judiciaire, dans la *Revue générale de Droit*, Paris, 1882.

Thaller. — Des faillites en droit comparé, Paris, 1887

Lyon-Caen. — Exposé de la législation anglaise sur la faillite, dans le *Bulletin de la Société de législation comparée.* Paris, 1888.

Pascaud. — Organisation de la faillite des non commerçants, dans la *Revue générale du Droit,* Paris, 1893.

Lobut. — L'Antichrèse, thèse, Paris, 1897.

Rocher. — La maison de Clichy, en 1847, 1848 et 1849, dans le *Droit* du 11 janvier 1851 ; — en 1851-52, dans le *Droit* du 27 février 1853.

Dalloz. — *Répertoire général* et Supplément.

Carpentier. — *Répertoire général alphabétique du Droit français.*

Planiol. — *Droit civil,* Paris, 1900.

Lyon-Caen et Renault. — *Traité de Droit commercial,* 2e édition, Paris, 1899.

Le **Moniteur Universel,** année 1867.
Le **Journal Officiel.**

TABLE DES MATIÈRES

PREMIÈRE PARTIE

SUPPRESSION DE LA CONTRAINTE PAR CORPS

DEUXIÈME PARTIE

CONSÉQUENCES DE LA SUPPRESSION DE LA CONTRAINTE PAR CORPS

exécution : nombreuses fraudes des débiteurs favorisées par la mobilité de la richesse publique ; — la
saisie-arrêt : ses inconvénients aussi bien pour le
débiteur que pour le créancier ; — la faillite : elle ne
s'applique qu'à une catégorie de débiteurs, la moins
nombreuse.

Nécessité de protéger les créanciers.

TROISIÈME PARTIE

RÉTABLISSEMENT DE LA CONTRAINTE PAR CORPS ET ORGANISATION DE LA DÉCONFITURE

0093. — TOURS, IMPRIMERIE EMMANUEL RIVIÈRE.
17, rue du Hallebardier.

Imprimeries réunies du Centre. — Tours, 17, rue du Hallebardier.